境界知能

教室からも福祉からも
見落とされる
知的ボーダーの人たち

Borderline Intellectual Functioning

小児科医、青山学院大学教授
古荘純一 著

Junichi Furusho

合同出版

本書を読まれるみなさまへ

私は、子どもの精神医学を専門としています。対象は、知的障害や発達障害、不安障害、うつ病などの精神疾患、てんかん、糖尿病、気管支喘息など、身体疾患が基礎にあって治療を受けていて何らかの精神症状を合併している人がメインです。さらに、不登校、愛着障害、自傷行為、いじめの被害、自己肯定感が低い「状態像」で明らかな診断名がついていない人なども含まれます。

精神疾患と診断されれば、公的な支援や、学校などで配慮を受けることができます。一方、診断にとらわれず、心理支援や生活への助言などを、医療機関で受けている人もいます。

２０１９年にある番組の担当者から境界知能についての質問を受けました。発達障害や知的障害の取材や質問はいくつも受けたことがありましたが、境界知能に関することは初めてでした。境界知能は医学の診断名ではないこともあり、「私の経験からは具体的なことは言えないかもしれない」と回答を保留しました。

境界知能はＩＱ70～84に相当する人たちを指しています。

その質問がきっかけで、私の臨床例から境界知能に該当するかもしれないケースを洗い出す作業をしてみました。すると、ＩＱが70～84に相当する人の多くを、精神疾患や発達障害という診断名で診察していたことに気づきました。さらに、不登校など、家庭や学校にうまく適応していない人たちの中にも「境界知能」に該当する人が多くいることがわかりました。

詳しく調べていくと、境界知能の人が多くの困難を抱えていることが浮かび上がってきました。私自身、小児精神科を標榜していましたが、境界知能の存在に気づかないままでした。ＩＱ50～70の知的障害に比較すると、境界知能の人たちは、家庭でも、学校でも、そして地域・社会でも、まったく配慮や支援を受けていないのです。小・中学校の授業では何とか対応できたとしても、年齢が上がるにつれて、人間関係がスムーズにいかない、いじめられる、不当に扱われる、他人から負担を押し付けられるなどの「嫌な体験」を繰り返す生活をしています。

周囲から理解されないと、自信をなくし自己肯定感も育まれません。そのことでさらなる困難さを来してしまうという負のスパイラルに陥っているのです。

私が診ている患者さんの中には、そのような人が多数いたのです。「診察した経験がない」という発想が「気づいていなかった、見落としていた」という自省の念に変わっていきました。

境界知能の人は、人口の約14％と推測されています。日本の人口で当てはめると

1700万人に相当します。これだけ多くの人がいると、もはや「本人の個性」の範疇《はんちゅう》であり、支援対象は、厳密に1％程度とされる知的障害の人に限定するという考えもあるでしょう。しかし境界知能の人の中にも、適応状態も含めた幅広い評価法を行って見ると、実際に支援が必要な人が多数存在するのです。

発達障害の人の割合はおおむね10％以下と推定されていますが、それよりも割合が多い境界知能については、参考となる図書や情報がほとんどなく看過されてきました。

「○○のできる子どもになろう」という日本の教育のスローガンのもとでは、境界知能の子どもたちは支援教育の対象にもならず、「がんばりましょう」といった漠然とした対応で放置されてきたと言っても過言ではありません。

これまでの臨床の反省の意味も込めて、境界知能の人や、ご家族、関係者の方に、私自身の経験と知識を整理してお伝えするために本書を書き下ろしました。社会の人たちの理解を深めていただくために、この本が、少しでも役に立ち、また社会の理解が広がることにつながれば幸いです。

青山学院大学教育人間科学部　古荘純一

もくじ

第5章 境界知能の子どもに必要な支援

第6章 精神医学の知的障害診断との関連

第7章 発達障害との併存

第1章 境界知能とは？

1 境界知能の概念

境界知能という言葉を聞いたことがありますか？　境界知能とは、おおむねＩＱ70から84の範囲に入る人を表す医学・教育などの分野で使われる用語です。知能指数の「境目」の部分を意味し、日本の場合、境界知能に該当する人は約１７００万人、人口の約14％と推測されています（図①）。これだけ多くの人が該当する可能性がありながら、境界知能は、医療でも教育でも、学術的な概念も深まらないまま、見過ごされてきた経緯があります。

一方、人の知的能力をＩＱだけで判断する考え方には批判があります。精神医学で知的障害（最近の医学の診断名は「知的発達症」や「知的能力障害」）と診断するには、ＩＱだけでなく、実用的な能力や社会性もふまえて評価することが求められています。

図①　IQ の分布と境界知能

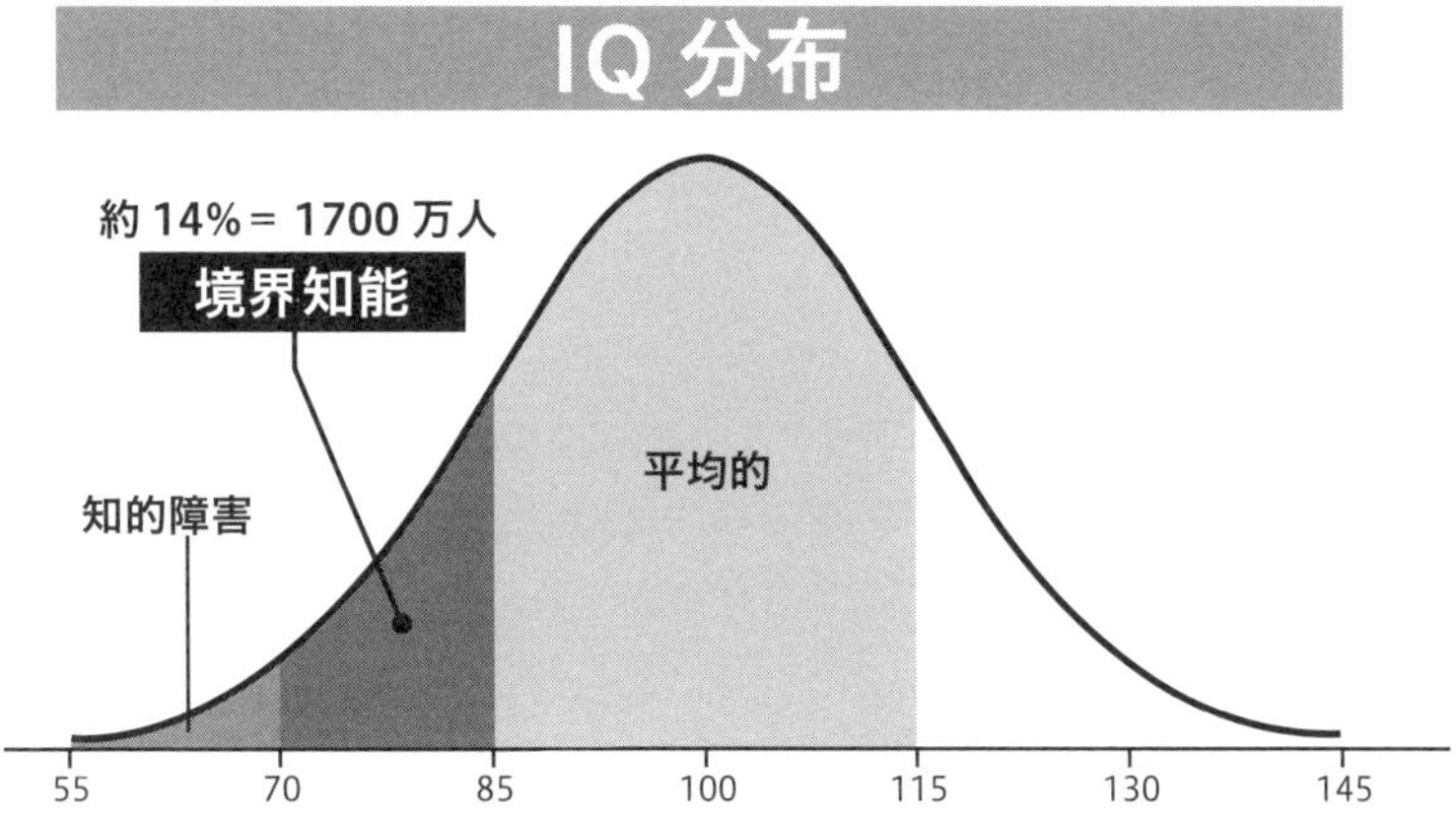

すなわち、ＩＱで境界知能の範囲にある人も、知的障害と診断されることもあれば、逆にＩＱが70をわずかに下回っても、知的障害の診断基準を満たさない人も存在しうる、ということになります。

知的障害の程度は「軽度」「中等度」「重度」「最重度」の４つに分けられています。一般的には標準化された知能検査の結果による「知能水準」と「日常生活能力（自立機能、運動機能、意思交換、移動など）の到達水準」を基に判定が行われています。

ただ、知的障害の手帳判定の基準については地域によって多少異なる場合があります。

2 知能指数（ＩＱ）とは何か

知能検査とは、主に物ごとの理解、知識、課題を解決するなどの認知能力を測定するための心理検査の一つです。知能指数（ＩＱ：Intelligence Quotient）は、知能検査で測定された数値で、認知発達の水準の評価、その人の得意分野、不得意分野を判定するときに使われます。知的障害を含む発達障害の診断の補助検査、発達支援や学習指導の方向性を検討したり、必要な支援に結び付ける方法を検討するときの参考の目的で行われています。

現在広く行われている知能検査には、「ウェクスラー式知能検査」「田中ビネー知能検査」などがあります。それぞれ幼児を対象にした幼児版もあります（23ページ参照）。

ウェクスラー式知能検査は、幼児版、児童版、成人版がありますが、学童期に行う検査はＷＩＳＣ（Wechsler Intelligence Scale for Children：ウィスク）と呼ばれています。日本では２０２１年にＷＩＳＣ-Ⅴが発売されましたが、現在は第４版（ＷＩＳＣ-Ⅳ）がもっともよく使用されています。

図②のように子どもの知能を４つの指標（言語理解、知覚推理、ワーキングメモリー、処理速度）に分け、それらを構成する10個の基本検査から算出し、それらの合計得点から子どもの知的

図②　WISCの検査項目

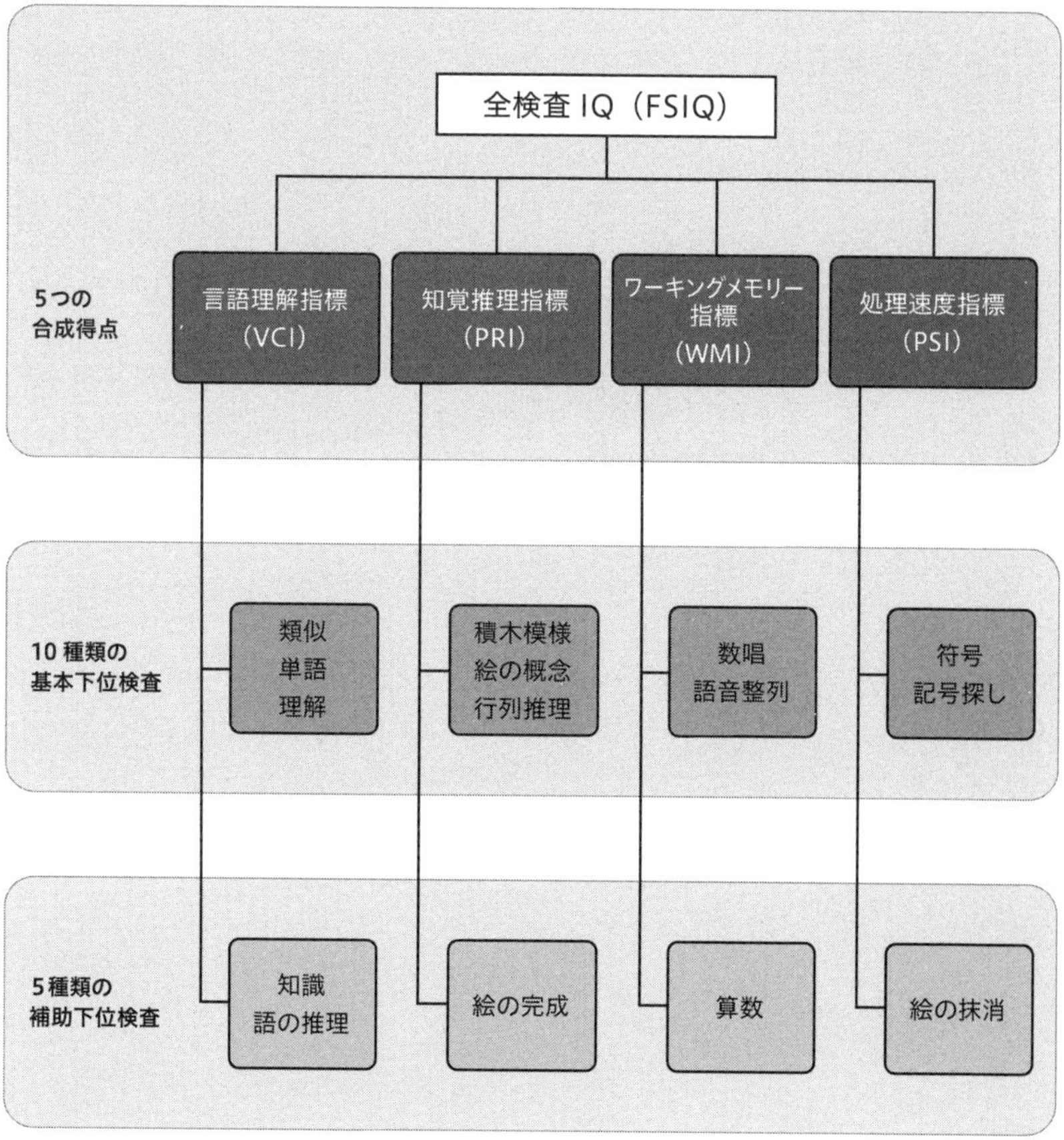

発達の程度を把握するものです。

WISCのほかには、田中ビネー知能検査Ⅴが使われています。子どもの知的側面の発達状態を客観的に捉えるための検査で、検査課題に日本人の文化やパーソナリティ特性、生活様式に即した内容が採用されているのが特徴です。

3 知的障害とは

境界知能の境目の上にあるのは、正常といわれる範囲の知能指数の人です。下の境界はおおむねIQが70以下の人です。IQが70以下の人イコール知的障害と混同されがちなのですが、実は知的障害の概念は、IQだけで判断するものではありません。つまりIQが70以下の人と知的障害の人とは正確に言えば別の概念になります。

それでは、知的障害はどのように定義されているのでしょうか？

文部科学省は以下のように表現しています。

知的障害とは、一般に、同年齢の子どもと比べて、「認知や言語などにかかわる知的機能」の発達に遅れが認められ、「他人との意思の交換、日常生活や社会生活、安全、仕事、余暇利用などについての適応能力」も不十分であり、特別な支援や配慮が必要な状態とされています。

また、その状態は、環境的・社会的条件で変わりうる可能性があると言われています（https://

厚生労働省は、用語の解説で、知的障害を以下のように示しています。
www.mext.go.jp/a_menu/shotou/tokubetu/mext_00803.html)。

「知的機能の障害が発達期（おおむね18歳まで）にあらわれ、日常生活に支障が生じているため、何らかの特別の援助を必要とする状態にあるもの」と定義した。

なお、知的障害であるかどうかの判断基準は、以下によった。

次の(a)及び(b)のいずれにも該当するものを知的障害とする。

(a)「知的機能の障害」について

標準化された知能検査（ウェクスラーによるもの、ビネーによるものなど）によって測定された結果、知能指数がおおむね70までのもの。

(b)「日常生活能力」について

日常生活能力（自立機能、運動機能、意思交換、探索操作、移動、生活文化、職業等）の到達水準が総合的に同年齢の日常生活能力水準のa・b・c・dのいずれかに該当するもの。

図③には知的障害の程度が示されています。ＩＱの評価に対して日常生活能力が高ければ、知的障害の程度を１段階引き下げ、低ければ１段階上げることが示されています。

図③　程度別判定の導き方

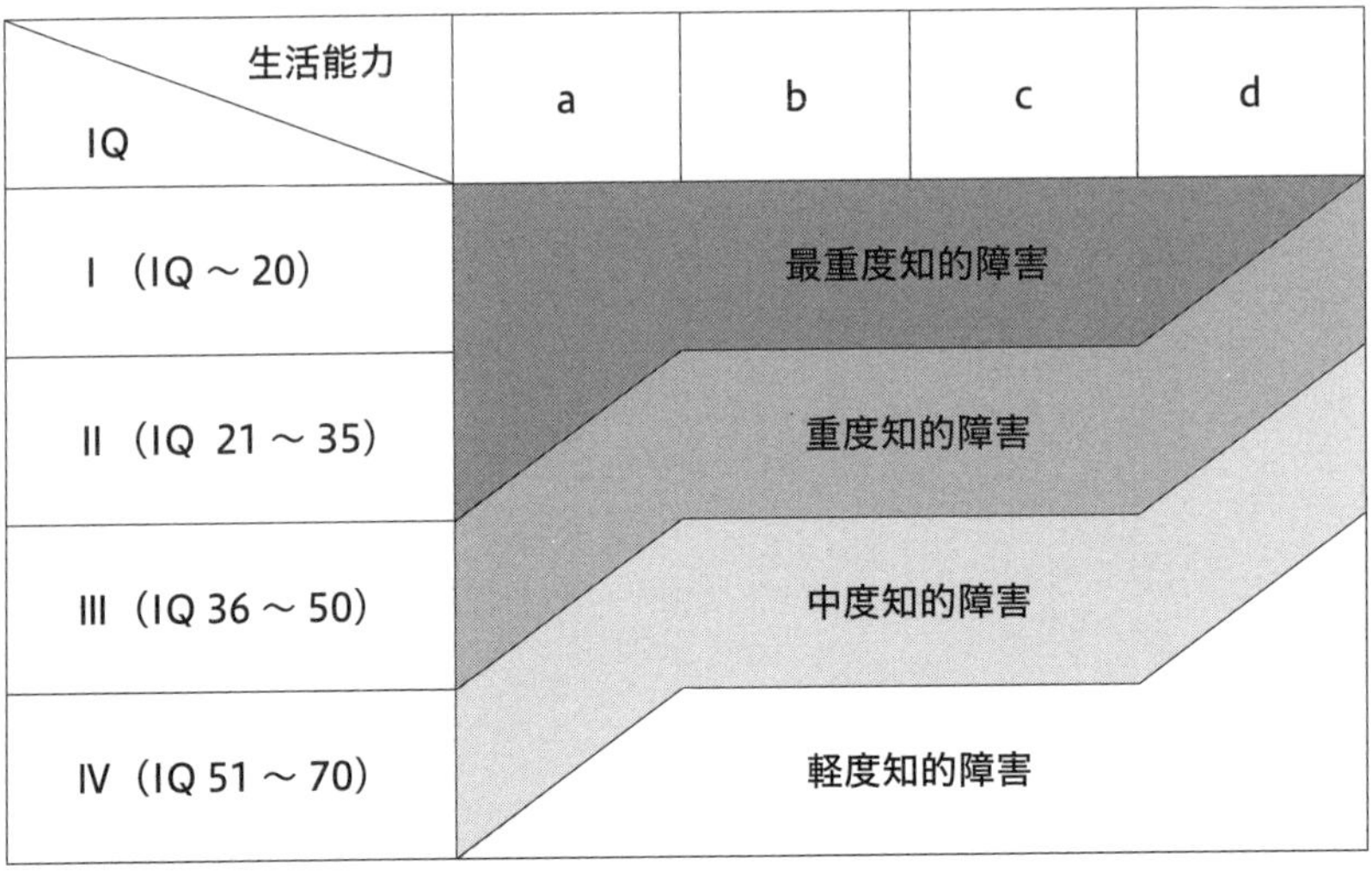

■知能水準の区分

I ……おおむね 20 以下
II ……おおむね 21 ～ 35
III ……おおむね 36 ～ 50
IV……おおむね 51 ～ 70

■身体障害者福祉法に基づく障害等級が 1 級、2 級又は 3 級に該当する場合は、一次判定を次の通りに修正する。

最重度　→　最重度
重度　→　最重度
中度　→　重度

＊程度判定においては日常生活能力の程度が優先される。
たとえば知能水準が「I（IQ ～ 20）」であっても、日常生活能力水準が「d」の場合の障害の程度は「重度」となる。

一方、ＩＱが70を超えるかどうかで軽度知的障害となるかどうかの線引きが行われています。すなわちＩＱ70以下であれば軽度知的障害と認定されますが、70を超えていれば、日常生活能力が低くても知的障害ではないと判断されます。

文部科学省は知的機能とだけ記載していますが、文科省、厚生労働省とも適応能力や生活能力が一定基準に達していないことを条件にしています。しかしここでも、教育の現場ではＩＱ70を目安としていると考えられます。そうすると、ＩＱが70以下でも生活適応能力や生活能力が一定の水準に達している人（稀であると思いますが）は軽度知的障害とされる一方で、ＩＱは境界知能領域であっても、日常生活能力が低い人たちもいることになります。

本書で問題となるのは、ＩＱは境界領域であるが、適応能力や生活能力が同年代の人と比べて、明らかに水準以下の人です。

第6章で診断学的な定義を詳しく示しましたので、ご参照ください。

4 青年期以降は軽度知的障害の人と同じ困難さがある

ＩＱが50～70で知的障害と診断された人と、ＩＱが70～84の境界知能の人は、同じような生活の困難さを持つことが指摘されています。そのような兆候が見られたら日常生活に差しさわりが出ないように早めに当事者に自覚を促し、家族や周囲の理解と支援が必要です。しかし、医学的に厳密さを求めると生活に差しさわりが出ないと診断できないというジレンマがあります。

身体疾患では、「早期発見」「早期治療」「予防」が重視されていますが、精神科ではその指針が必ずしも当てはまりません。かつて過剰に診断を行ってきたということが、差別や偏見を助長した精神科医療の反省もあるでしょう。診断のばらつきを防ぎ、その正確さにこだわることは、医学として間違ってはいませんが、困っている当事者を具体的で公的な支援につなぐには、「近い将来生じるであろう困難さ」を見通した診療が求められると感じます。

表①は私の臨床経験に照らし合わせて境界知能の人々の困難さの特徴を示したものです。これは、『知的障害：定義、分類および支援体系　第11版』（米国知的・発達障害協会用語・分類特別委員会編、太田俊己ほか訳、日本発達障害福祉連盟、２０１２）のテキストに報告されている内容をベースにしています。

5　ボーダーという用語

最近、保育や初等教育の関係者が「ボーダー」という言葉を使うことがあります。「境界領域」という意味ですが、一般には境界知能を指します。一部には、発達障害であるかどうか判断がつかない子どもたちにも「ボーダー」という言葉を使うことがあります。混同を避けるため、発達

表①　境界知能の人に見られる日常生活の困難さ

境界知能の特性によるもの

語彙は豊富で理解がいいが、理解は表面的である。
作業スピードが遅い。
数的処理が苦手なため、高度な作業が難しい。
友人に話しかけられても、適切に答えることが苦手である。

二次的に生じるもの

現実認識が甘い。
主体性がなく、周りに流されやすい。
課題や作業の習熟性に問題がある。
自己肯定感が低い。
支援を受ける（特別扱いされる）ことに抵抗がある。

他者からの評価

日常生活を送るうえでは特に支障はない。
第一印象で能力の低さを感じさせない。
忍耐力に欠ける。
持続力や集中力に欠ける。
本人が話すことに行動が伴わず、低評価を受けやすい。

医療機関受診例に見られる特徴　＊ただし境界知能だけでは受診しない

いじめの被害にあっている。
不登校、ひきこもり状況にある。
ゲームに没頭しやすい。
身体の不調を訴えている。

これらの特徴は、第２章以降で、具体的に症例を提示します。

障害かどうか判断が難しい子どもたちには「グレーゾーン」という言葉を使うことも増えてきました。グレーゾーンとは発達障害の特徴があるが、診断基準は満たさない人のことです。特に幼児期に使われることが多く、グレーという言葉にはネガティブなイメージもあるため、専門家の間では、「診断閾値下《いきちか》」と表現されることもあります。

医学の定義では、発達障害の中に知的障害も含まれています。知的障害の概念は第6章で、発達障害の概念は第7章でお話ししますが、診断だけでなく支援を行う場合は、両者を分けて考える必要があります。本書では、ボーダーとグレーゾーンという用語自体を避けていますが、しばしば混同され、また正確に定義されるものではないことをご留意ください。

6　偏見を生まない用語に

知的障害はかつて、精神薄弱《はくじゃく》と呼ばれていました。元となった言葉が適切ではないということで、アメリカ精神医学会は、1980年に「mental retardation」という用語を使うようになり、医学の分野では「精神遅滞《ちたい》」という日本語の用語が用いられるようになりますが、一般には広がりませんでした。

本来の単語と「精神薄弱」という日本語用語が、病態を適確に反映していないばかりでなく、精神ないしは人格が薄弱である、という意味で解釈されやすく、人権思想や社会理念が高まるにつれて、著しい差別性が感じられるようになってきました。

そのため、教育、福祉そして司法の分野でも、用語の置き換えの議論が高まり、訳語としての整合性よりも、実情に即してかつ差別性が感じられない用語が検討されるようになりました。

論点としては、

❶「精神」には、「知的」以上に、人格的もしくは道徳的価値とかかわる語感があって、それに否定的語が付くと、不快感が強まるということで、「精神」という言葉は置き換えを検討する。

❷置き換えの候補として「知能」か「知的」があり、知能の方が概念は明確であるがそれに「障害」を付けると語感が強過ぎる一方で、「知的」の方は、概念はいくぶん広いものの状態像は適確に表現できる。

❸「障害」という用語が適切ではなく、「遅滞」の方がまだ受け入れやすい表現ではないかという意見もあるが、「障害」という言葉は普及している。

このような経緯を経て「知的障害」（英語表記では Intellectual Disability）という用語が用いられるようになりました。

第2章
乳幼児期

1 発達指数による知的能力の評価

乳幼児に知能検査を行うのは容易ではありません。乳幼児の知的能力を評価するときは、発達指数（DQ：Developmental Quotient）を用います。発達指数は発達検査と呼ばれる検査によって得られる数値です。

発達指数は、発達検査でわかる「発達年齢（発達の状態がどのくらいの年齢に相当するか）」を「生活年齢（実年齢）」で割り、１００をかけて算出します。評価の方法はＩＱと同じです。発達年齢と実際の年齢が同じ場合、発達指数の値は１００ということになります。

【例】5歳0か月の子どもが4歳半相当の発達

4・5（発達年齢）÷5（実年齢）×100＝90　**発達指数は90**

幼児期に行われる代表的な発達検査としては、田中ビネー知能検査、鈴木ビネー式知能検査、新版K式発達検査、津守・稲毛式乳幼児精神発達診断などです。知能検査と表記されていますが、言葉や社会性の発達の度合いを評価するものです。

2　乳幼児期の診断は難しい

本人の協力を得ることが難しいため、乳幼児期に境界知能と判定することは困難を伴います。検査はいろいろと工夫がなされていますが、養育者からの聞き取りと、検査者の技量や判断に委ねられることが多いからです。また、本人のそのときの体調（機嫌がよいか、不安を感じていないか）や、親の行動によって、検査の誤差が大きくなるため、明らかな知的障害以外は、知的障害があるのかどうかやその程度を決めることは容易ではありません。

仮に子どもが境界知能であるとしても、日常生活でそれほどの困難を感じないために、積極的に発達評価を受けようとする養育者も少ないのです。また、養育者自身が「この子は何か気になるな」と疑いを持たない限り、幼児期に知的障害や発達障害と診断されることについては、抵抗感が強いように思います。

発達指数の値だけで子どもが知的障害や境界知能と判断することはありません。あくまで指標の一つであり、発達を構成しているそれぞれの能力のバランスや日常生活の様子などを総合して子どもの発達状態を把握していきます。

3　発達をさまざまな角度から評価する

それでは、発達を構成している能力とはどのようなものか、あらためて整理してみましょう。

知能検査で用いる指標を乳幼児期に適用するのは難しいので、私は以下のように発達を分野で分けて診ています。

1　感覚
2　運動
3　視覚、聴覚、空間認知機能
4　言語、コミュニケーション

❶感覚の問題

視力や聴力に障害があるかどうかは生後早期に診断されます。この場合、診断が遅れると二次的に発達が遅れる可能性もあります。生まれたときには、音や光、においや味、痛みを感じることができます。しかし具体的に太陽の光、犬の鳴き声、りんごジュースの味、などを感じるには、生後知能の発達に伴ってわかるようになります。

感覚の敏感さや鈍感さ、たとえば、子どもの泣き声など特定の音が増幅されて聞こえる、目で文字を追う際に、特定のものに視点を合わせてほかのものに合わせることが難しい、などは、知能検査での項目には含まれてはいませんが、その後の知能発達に影響を与えます。

❷運動発達

粗大運動と呼ばれる、全身の筋肉を使う運動は、生まれてすぐには備わっていませんが、生後2～3か月ころから順に確認することができます。寝返り、ハイハイ、歩行などが粗大運動の代表的なもので、遅くても1歳の誕生日ころには遅れているかどうかがわかります。

微細運動や協調運動と呼ばれるものは、指先などを使う細かい動作で、目的を持っていくつかの筋肉を協調して動かす運動です。お絵かきをする、積み木で遊ぶ、顔を洗う、スプーンやフォーク・箸を使って食事をする、ブランコやすべり台などの遊具で遊ぶ、など、さまざまな運動が幼児期の日常生活に深くかかわっています。

❸視覚、聴覚、空間認知機能

この3つの機能の発達に遅れがあると、目は見えているが正しく理解できない、音は聞こえているが聞き分けることができない、距離感や立体構造がわからないなどの様子が見られます。これらの様子は、幼児期にも見られますが、実際には問題に気づくことは少ないと思います。就学時以降になると学習障害の症状として気づかれることがあります。文字を読めない、音読ができない、書字が困難である、計算が苦手、前後・左右・上下の位置関係が把握できないなどです。

❹言語、コミュニケーション

言語そのものの発達としては、発語、意味のある単語をしゃべる、二語文・三語文を話す、話しかけや質問に応答する、などで観察することができます。話の内容は理解できているようでも、自身が言葉を発することが遅れることもあります。

コミュニケーションの発達も見られます。言葉を介したコミュニケーションだけでなく、ジェスチャーや目の動きなど言葉を介さないコミュニケーションも発達していきます。

❺多動・衝動性、不注意

特に多動・衝動性は幼児期に目立ち始めます。しかし幼児期はどんな子どもも、不注意で多動・衝動性があるのは当たり前で、どこからが異常かの線引きができないことに注意が必要です。また、子どもはストレスや気持ちを言葉で表現できない分、「赤ちゃん返り」「駄々をこねる」などして行動で示すことがあります。注意を持続する能力や行動をコントロールするのは、脳の前頭前野という部分ですが、この場所が発達のピークを迎えるのは就学時からです。ですから、明らかな場合を除き、幼児期の不注意が就学時以降も持続しているのか、どの程度なのかを確認する必要があります。

❻こだわり

これも幼児期に出現し正常と異常との線引きが難しい特性の一つです。こだわりが強いのは、変化に対しての抵抗が強いのと同義です。乳幼児期に、新しい環境に慣れることができないのは、しばしば経験することです。同じものしか食べない、気に入ったものを手放さない、今やっていることをやめさせようとすると激しく抵抗する、などは多少の差はあってもどの子にも見られる傾向があります。極端に強い場合を除き、こだわりが異常かどうかの診断は難しく、また受診につながらないことも多いので、思春期以降にならないとわからないこともあります。

❼併存する精神神経症状

幼児期に見られやすいものとしては、不眠などの睡眠障害、かんしゃく、パニックに陥る自傷行為、チック（まばたきなど無意識に起こってしまう素早い身体の動きや発言）などがあります。気分の変調、うつ病、不安症、強迫症などの精神疾患は学童期以降に見られやすくなります。しかしこれらの症状は、小児科医では診断や対応が難しくなります。

4 5歳未満は暫定診断

知的障害の可能性があっても、精神科の診断では幼児期は十分な評価ができないため、診断は、暫定的につけることになっています。また、視覚、聴覚に障害があったり、評価を妨げる別の精神疾患（他の発達障害も含む）の可能性がある場合も暫定診断にとどまります。「全般的な知的能力の障害」と捉えて、検査などを含めた診察（知的機能と適応行動の評価）ができるようになって初めて、重症度分類（軽度、中等度、重度、最重度）を含めた診断を行います。

精神科医学診断のもう一つの要件として、その様子が一時的ではなく、持続しているかどうかを確認する必要があります。この時期は発達途上にありますので、その遅れが持続していくのかという根拠がなければ、診断は暫定的とならざるをえません。

診断ができる年齢については、明らかな規定はありませんが、知的障害でその程度も軽くない場合は、療育を行いながら観察をして、重症度判定を就学時前に行うことになりますが、一方、軽度の知的障害と境界知能の境目については、就学時であっても、適応行動の評価が難しいため、より慎重にならざるをえないでしょう。

なお、診断学的な扱いは、アメリカ精神医学会では「全般的発達遅滞」となっています。WHO（世界保健機関）のICD-11ではprovisional（仮、暫定的）という用語で分類されています。詳しくは第6章を参照してください。

5 境界知能の要因

知的障害は、IQが50～70に該当する軽度知的障害は知的障害全体の8～9割とされていますが、その原因は不明であることが多いとされています。ましてや境界知能の原因を追究することは難しいでしょう。

それでも推定要因がまったくないわけではなく、リスクが高い子どももいます。その要因は生後早期の環境にあると指摘されることがあり、たとえば低体重で生まれた子ども、長期に入院した子ども、家庭環境が複雑で養育者が頻繁に代わったり施設に預けられた子ども、両親が境界知能もしくは知的障害であり家庭での養育に困難さがある場合などは、発症のリスクが高いという研究があります。この場合は、両親のIQの低さが子どもに影響するかどうかも関係します。

6 継続観察の困難さ

地域の乳幼児健診で発達の遅れが指摘されると、発達検査を行い、一般的には療育を勧められます。言葉の発達が遅ければ言語療法、運動の発達が遅ければ理学療法や作業療法、他者とのかかわりが苦手であれば心理療法などが行われます。

発達検査でDQ（発達指数）もしくはIQが70を超えると小学校入学時点で療育が終了となることが多く、さらに、発達の程度が良好であればその時点で終了となることもあります。

IQ値で知的障害に該当する子どもは、就学時に支援学級や支援学校に在籍し、引き続きの支援が行われますが、70（地域によっては74）を超える境界知能の子どもたちは、通常クラスに在籍し、支援もいったん終了となります。このことによって境界知能の子どもたちが教育支援から漏れてしまうのです。

境界知能の子どもたちの具体的な困りごとを理解していただくために、7歳と5歳の症例を紹介しましょう。

症例① 小学校就学を機に明らかになったAさん

Aさんは小学1年生です。幼稚園で集団行動が取れない、落ち着きがないと言われたことはありましたが、家庭では特に気になるところがなかったため、保護者はどこにも相談していませんでした。

小学校入学後にもその特性が続いたため、小児科を受診しました。問診と簡単な診察でADHD*と診断されて、すぐに処方を受けることになりました。母親は不安に思いながらも、薬を内服させました。メチルフェニデート（商品名コンサータ）の処方を受けたところ、その副作用で、食欲がなくなる症状と夜間不眠があったので再度小児科医に相談しましたが、診断や内服薬を変更したり、服薬の中止を勧められることはなかったそうです。

不眠に対しては、メラトニン（商品名メラトベル）を追加して経過を見ましょうと説明されましたが、母親は、薬の副作用に加えて、学校の授業についていけないことも心配していました。しかしそのクリニックでは、学業のことは学校で相談するように言われたため、転院を希望して筆者の病院に来ました。

幼児期の健診では特に、多動や衝動性は指摘されていないということです。

生まれてから現在までの様子（成育歴）を詳しく聞きました。一人歩きを始めたのが

1歳6か月、言葉が出たのが1歳6か月、二語文で話を始めたのが3歳と、発達は遅めなようでした。幼稚園では、他の園児と遊ぶことが苦手で、一人で気に入ったもので遊ぶこと、ときに乱暴な行動を取ることもありました。保育士の発言は理解し、特別に問題となることはありませんでした。就学相談では通常学級に在籍することになりました。

小学校入学後、集団行動の苦手さや、授業に集中できないといった様子が見られたため、担任やスクールカウンセラーから「発達障害であれば、通級指導教室の利用もできるので」と勧められて、その小児科を受診しました。

学習について詳しく聞いて見ると、数字やひらがなの理解が進んでおらず、小学1年生の内容でも授業についていくのが難しいということでした。受診後、知能検査（WISC-Ⅳ施行）を受け、IQの数値は74で境界知能に相当するという判定になりました。

一方で、ADHDの診断については、❶家庭でその特徴が見られないこと、❷IQ74であれば、発達の期待値は年中から年長児程度であり、小学1年生の集団の中では、比較すると多動衝動が目立つこともありましたが、ADHDと診断するには疑問が残りました。

しかし、ADHDの診断がなければ、通級など個別で授業を受けることが困難になるので、薬物治療は中止して、学校には「ADHD傾向」として通級の利用を始めるように助言しました。

小学1年生で授業についていくのが難しく、IQも74なので、取りわけ診断がなくても全体指導で理解できなかった箇所については個別で学習支援が望まれるところですが、支援を受けるためにやむをえずADHDの診断を残したケースです。

*ADHD：注意欠如・多動症。不注意と衝動性・多動性を主な症状とする。脳の前頭前野の発達と関連した症状であるが、この部位の発達は就学時以降も続くため、幼児期までは判断が難しいことが多い。

症例② 親が知的に障害のあるBさん

Bさんの父は境界知能で高校を中退していて、現在定職についていません。母は知的障害があり特別支援学校の高等部を卒業しています。母親は父親と知り合った後ほどなくして妊娠し、出産の直前まで産婦人科の診察を受けていませんでした。周囲のサポートも見込めないような状況ですので、産婦人科を受診したときから、児童相談所も含めて育児の支援観察にあたる体制が準備されました。

出産後、授乳やおむつの替え方などの育児指導を行なってもなかなか母親が理解するのが難しく、父親や身内にサポートを依頼しても、父親と籍を入れていないため父親本人や親戚の協力が得られず、生まれたBさんは乳児院で保護されることになりました。

乳児期から両親と離れて暮らすことになったため、Bさんが愛着障害にならないよう、乳児院と児童養護施設では、愛着形成（特定の人との信頼関係を築くこと）の支援プログラムが実施されました。

5歳のときにWISC検査が行われ、結果は101と正常域でした。このことは、両親のIQが低くても養育環境が整っていれば、IQの数値は影響を受けないことを示した一つの例と言えます。この子の両親が家庭での育児にこだわらず、早期に乳児院で養育されることになったことが、本人の発育によい結果となったのでしょう。

境界知能や知的障害があっても、特に母親は子どもを育てたいという意思はあるようですが、このケースは、両親とも子どもを育てることには関心は乏しかったようです。

Bさんは、児童養護施設から、最寄りの小学校の通常学級に通うことになりました。しかしながら、両親のIQが低いこと、乳児期から施設で暮らしていることから、境界知能のリスク因子を持ち合わせており、就学後も見守りを続けていくことが必要です。

第3章

小学・中学生の時期

1　学校で支援が必要な対象として調査が行われていない

文部科学省が実施した「通常の学級に在籍する特別な教育的支援を必要とする児童生徒に関する調査」（2022年）は、全都道府県の公立小・中・高等学校の児童生徒約9万人を対象に行われ、発達障害の3つのタイプであるLD*、ADHD、ASD*の症状を表す質問項目に対して、担任が「なし／ある」をチェックし、学校内で確認して、その結果を集計したものです（巻末資料150～153ページ参照）。

*LD：学習障害。読む、書く、計算するなどの特定の能力の獲得に著しい困難さがある。実際は、視覚、聴覚、空間認知に不具合があると考えられている。

*ASD：自閉スペクトラム症。コミュニケーションを含む対人把握の問題、こだわりや興味関心の限局

あるいは感覚過敏などの症状を持ち合わせたもの。本人が意思を持って「自閉」というわけではなく、外界からの情報（見たり、聞いたり、皮膚で感じたことなど）を脳で把握するときに、多くの人と異なった認知となるため、他者から見ると症状として「自閉的」になる。

質問項目は、担当教師が児童生徒の各々の子どもに当てはめて回答していきます。

調査は発達障害の3タイプの可能性を推測する質問ですが、境界知能の子どもにも多く該当する項目を含んでいます。項目の中には知的発達全体の遅れについての質問があり、小学3年生までは1学年以上、4年生以上は2学年以上の遅れがあるかどうかを確認しています。小学4年生の子（10歳）でIQが70～84の場合、予想される知的発達は、10×0・7～0・84ですので、7歳から8歳半になります。

15歳になると計算上では次のようになり、4・5歳から2・4歳の遅れになります。

15×0・7～0・84＝10・5歳～12・6歳

このように知能指数が変わらず、年齢が上がれば、実年齢と知的発達の年齢の差は開いていきます。15歳で境界知能の知的水準であれば、中学1年以上の教科の授業内容を理解するのは、より困難になるのではないかと予想します。

現在の学校の教育制度において、1学年ごとのカリキュラムを設定すると、境界知能の子どもは学年が上がるごとにその困難さが増すものと推測できます。しかし、文科省の調査結果では、学年が上がるごとに実年齢と知的発達の年齢差が少なくなっていきます。学年が上がるごとに知的発達全体の遅れを指摘される割合が減っていて、調査結果は現実と乖離しているように思えます。

この疑問を検証するには、IQ値と比較することが不可欠ですが、検査は一人ひとり時間をかけて行う必要があり、該当者全員を対象として行うことは困難です。また、知能検査の結果は個人情報の中でもナイーブなものですので、倫理的な側面からも、たとえ一部の学校であっても全員を対象として検査を行うことは現実的ではありません。

文科省の調査は、LD、ADHD、ASDの可能性のある子どもを対象とした調査で、知的障害のある子を対象とした調査ではないのです。就学以降に知的障害や境界知能の可能性が考えられると、個別に知能検査を受けることになります。

2 その場をやりすごすことで精一杯

通常クラスの授業は、平均レベルの子どもを対象とした授業になります。境界知能の子だけでなく、学習意欲の乏しい子や、慢性的な寝不足状態など生活習慣が整っていない子は、授業中にその内容を理解することは困難です。

境界知能の子は、授業内容がわからなくても、自分から教師やクラスメイトに教えてもらおうとする行動を次第にしなくなります。質問をしても教師から「またわからないの!!」と叱られる、友だちからバカにされるなどの体験が積み重なり、本人は何回も傷つきます。目立つ言動はいじめの対象になりやすいので目立たないようにふるまうようになるのだと思います。

嫌な思いをするくらいなら、苦痛な授業時間が「何ごともなく過ぎていくこと」を望んでいるのでしょう。わかったふりをする、できるだけ教師と目を合わさないように、目立たないようにする、わからないときは推測で答えたりごまかしたりする、などいろいろな手段で、その時間をやりすごすことを身につけていきます。

3 学校での対応に限界がある

通常クラスには、おおむね30人から40人が在籍しています。さまざまなデータから推測すると、1クラスの中に、発達障害の可能性がある子が3人、境界知能の子どもが5人、不登校の子どもが1人、虐待体験者が1人以上、うつや不安などのメンタルに不調をかかえる子どもが数人いると考えられます。それぞれが重なることもありますが、こうした推定から通常クラスでも何らかの支援を必要とする子は3割程度になると考えても過大ではありません。

このような子どもたちの実態に気づいている先生もいるでしょうが、授業以外にも多大な業務に追われていて、子どもたちに十分な対応ができないのが現状です。

学校は、単に勉強を教えるという場ではなく、多様な子どもの日中の生活を支える居場所でもあります。その点からも学校は、教員の資格を持った人のみが運営する場所ではなく、心理、医療、福祉、法律などさまざまな分野の人が参画して子どもたちに対応する機能を持つことが不可欠だと考えています。スクールカウンセラー、学校医、スクールロイヤーなどの既存のシステムの充実に加えて、児童福祉司、看護師などとの連携も望まれます。

4 二次合併症が起こりやすい

二次合併症とは、知的障害以外のうつ病や学習障害などの診断名と直接は関連しない症状・状況、たとえば不眠、食欲不振、不登校、低い自己肯定感など、を包括したものとします。

私が臨床でかかわる子どもたちは、「学校に適応できない」「不登校状態である」「自己肯定感が保てない」「心身の不調を来しやすい」「叱られてばかりいる」「いじめられやすい」などの悩みを訴えて受診してきます。そのような子どもは、境界知能であることが多いと考えています。中には発達障害や心身症を合併していることも少なくありません。

残念なことに、学校で適切な配慮を受けられず、本来、生活を支える居場所である学校がさらなる困難さを拡大してしまっているのは悲しむべきことです。

症例③　不登校になってから支援されたCさん

Cさんは小学3年生の女子です。学校で勉強ができないため、家族が支援学級や通級での配慮を希望しました。そのためにはIQの測定が必要ということで、学校からの紹介で、IQの測定可能な医療機関で検査をしたところ「76」という数値でした。その病院の医師の診察では、発達障害でもないということでした。Cさんは通級や支援学級の対象にならないということで、そのまま通常クラスに在籍することになりました。しかし小学4年生になり、朝方学校に行こうとすると腹痛や微熱があり欠席することが増えました。近くの小児科では、身体には特別問題がないということでしたが、欠席日数が増えて不登校状態になったため、私のところに紹介されてきました。

Cさんの家族は、小学4年生となり、授業の内容や宿題も増えてそれが負担になった、担任が変わったが、前の担任からどのくらい情報が伝わっているのかわからないと話をしました。Cさんはほとんど発言をしませんでした。母親には待合室で待ってもらい、Cさんに話しかけましたが、質問にうなずく程度でしたので、小学生版QOL評価尺度を行いました。小学生版QOL尺度は、ドイツの心理学者が作成したKid-KINDL[R]を筆者らが日本語に翻訳して使用しているものです。身体的健康、精神的健康、自尊感情、家族、友だち、学校生活の6つの領域に、それぞれ4個ずつ合計24の質問に

5段階で答えてもらうものです。

Cさんの特徴は、学校に関係する質問4項目「勉強が簡単だった」「授業が楽しかった」「次の週が来るのを楽しみにしていた」について「まったくない」と答え、「テストで悪い点数を取らないか心配していた」は「いつもそうである」と答えていることでした。学校生活の満足度が極めて低いことがわかりました。つまり勉強がわからないことが、本人の学校生活を困難にしているのです。

Cさんの母には、学校に無理に行く必要はない。学校関係で相談するとしたら、個別学習をする「適応指導教室」を利用する方法もあることを伝えました。適応指導教室とは、学校の施設外に不登校などで教室に通えない子どもを集めて、日中指導する場所です。（地域によって名称が異なることがあります）。

Cさんの場合、不登校になって初めて支援につながりました。本来は、クラスで学習の支援を受けられたら、ここまで自信をなくすことはなかったでしょう。Cさんは、適応指導教室に通うことにより、マイペースで学習することができるようになりました。

症例④　学校に頼らずに、放課後に学習支援をしたDさん

Dさんは小学5年生の男子です。家庭で学習をしない、ゲームばかりやっている、ゲームを取り上げると激しく抵抗して、親にあたるようになり、家族が発達障害ではないかと相談に訪れました。小学校入学までは特段問題を指摘されたことはありませんでした。小学校入学以降、勉強は苦手で、特に国語の授業が苦手でした。一方で運動は得意であり、体育など実技系の科目は苦手ということはなかったようです。小学4年までは、家庭で叱責を受けながらも宿題をやっていましたが、成績も下がって学習意欲も低下し、家庭でのけんかが絶えなくなりました。家族の話では小学2年生から授業の内容がわからなくなり、現在は小学3年生程度の理解度ではないかということでした。

家族はADHD（33ページ参照）ではないかと心配しているようですが、以前は不注意や多動を指摘されたことはありませんでした。診察室の中では冷めた表情で母親の話を聞いていて冷静さを保っていました。ADHDとは考えにくいのです。学習障害の可能性はありそうでした。家族が心配している内容を伝えるも、Dさんは、「自分は問題がないと思う」「家族に反抗するのは先に注意されるから」「ゲームはみんなやっている」などと答えました。

心理士にIQ検査と学習障害の可能性があるかどうかの判定を依頼しました。本人は

しぶしぶ知能検査を受けることに合意しました。IQは72でしたが、学習障害とまでは判断できないということでした。加えて、IQ検査はあまり真剣に取り組まなかったようだというコメントもありました。IQの検査は、状況により5から最大10程度の差が出ることもありますが、仮に10加えたとしても82であり境界知能領域でした。

　母親には、IQ値と学習障害の可能性があるので、通級などで授業を受ける方法もあることを伝えました。しかし母は、学校には境界知能ということを伝えても特別に配慮を受けられるわけではない、学校での生活態度が特に問題とされているわけでもないと言い、本人も通常クラス以外での授業は望んでいないので、診察結果は学校には伝えないこととしました。

　Dさんは、勉強ができなくても、スポーツ推薦で進学するかユーチューバーを目指したいと答えていました。実際はそう簡単ではないことはおわかりだと思います。何を目指すにしても、最低限のコミュニケーション力や情報処理能力が必要になることを伝えました。

　母とDさんには、教科書を利用した学習ではなく、民間の学習指導を受けること、そして、そのごほうびとして、ゲームをやることを提案しました。Dさんが境界知能であることについては、母親は今まで、本人の努力不足と勉強嫌いと考えて叱ることが多かったのですが、境界知能であることを受け入れて、これ以上Dさんを追い詰めないようにしたいと考えを変えました。最低限の学力と、本人の自己肯定感が保たれれば、これからの進路もいろいろ開けていくでしょう。

第4章

青年期、高校以降の進学・就職をめぐって

境界知能の人は青年期以降も、日常生活に困難さをかかえているにもかかわらず、その大半が専門機関につながっていません。就労支援に携わっている方の中には、経験上、なかなか就職が決まらない人、自立ができない人たちの中に境界知能に該当する人が多数いると実感している方もいると思います。一定の期間、就労支援をしても就労につながらないのが現状です。

一般に思春期、青年期の生活の状況、心身の状態の実態は把握しづらいのですが、私が大学病院や専門施設で診察をした患者さんをもとに、個人情報の細部は変更した事例を紹介します。複数の症例から特徴を抽出して、思春期、青年期の境界知能の特徴を紹介します。

1　中学の卒業時に進学先が決まらない

境界知能の人は中学を卒業できても、その後の進路がなかなか決まりません。知的障害や発達障害であれば、選択肢として特別支援学校があります。心理的な要因で普通高に通うことが困難

な場合は、定時制、単位制の高校がありますが、東京都の場合は、普通高校よりも支援や配慮のある学校の希望者が多く、内申書と面接を中心に選考されます。

中学3年になると、早い段階で当該高校の受験を決めて、受験準備を進めることになります。その中には、学校や教育機関でIQ検査を受けている人もいますが、境界知能の数値であれば、それがかえって受験の際の足かせとなってしまうようです。

中学側も単に「成績の芳しくない生徒」ということで、偏差値などで進学が可能な学校を紹介します。私立高などで、多様な生徒を受け入れる学校もありますが、校風や同級生と合わないなどの理由で中退するケースも少なくありません。

通信制高校の場合も、授業内容がわからないとサポート校やフリースクールも併せて利用しながら、高校卒業の資格を取ることになります。学費が二重にかかり、それでも単位を取得できずに、高校を卒業できない、高校卒業の資格が取れないという壁にぶつかってしまいます。

症例⑤　進学先に悩むEさん

Eさんは高校1年生の女子です。兄が発達障害（ADHD）で私の外来を受診していました。

母親から「兄とEさんのけんかが絶えない」「Eさんは勉強が苦手」という話は聞い

ていましたが、Eさんが不登校状態になったため、中学2年のときからEさんも外来受診することになりました。

学校の勉強がわからないだけでなく、眠れない、悪いことばかり考えてしまう。親に相談しようとするも、家族が兄の言動に振り回されていて、なかなかEさんのことまで手が回らない状態でした。

WISC検査でIQを測定したところ、79という結果でした。ワーキングメモリーと処理速度は70を切っていましたが、言語理解は正常範囲でした。会話はスムーズにできるものの、数学など理論的な考えが特に苦手で、手順を理解するのも時間がかかる状態と考えられました。

Eさんは、自己肯定感が低く、「友だちもいない」「いつも失敗する、どうせ次もだめだろうと考えてしまう」などと話していました。「学校に行かなければいけないのはわかっているけど、体がついていかない。休むと内申にも影響が出るけど通学できない。このままだと高校にも行けない」と心配していました。精神面ではうつのような症状が出ていました。学校には心身症でしばらく休養が必要であると診断書を出して、しばらく休むように助言し、軽い安定剤を処方しました。

体の不調は改善して通学はできるようになったものの、授業はまったく理解できないということでした。可能な範囲で、家庭で勉強を見てもらうこととしました。学校には、兄が発達障害であり、本人も発達障害かもしれないということで通級の利用を相談したということですが、定員が一杯であり診断がなければ難しい、放課後や休み期間中に補習ということであれば対応できるということでした。補習も複数人を対象としてEさんのペースに合わせたものではありませんでした。

Eさんが心配していた通り、高校は合格できませんでした。ほとんど勉強していない兄が合格できたのに、どうして自分は合格できないのだろうと悩んでいました。とある高校の二次募集で何とか高校に入学ができました。その高校は、自宅から電車を乗り換えての通学になりますが、通学の経路をなかなか覚えられず、母親がしばらくの間付き添って行きました。

電車が止まったりした場合の振り替え輸送の手段がわからず帰宅できない、1日の計画を立てて時間を決めて行動することも苦手、中学と異なり授業の変更や短縮もあるのですが、同級生や担任にわからないことを確認することもなく、決まった時間に行って決まった時間に帰ってくる生活を続けていました。

アルバイトを始めようとしても、履歴書などに志願理由を書くことができず、親に聞いて書いていました。面接で志望動機や自分の特技などを聞かれても、うまく答えることができずなかなか採用につながりませんでした。採用されても、仕事を覚えられないということで、短期で終了になってしまいます。

これから高校の卒業と就職先を探すことを同時に目指す必要がありますが、それはEさんに限らず、誰でもストレスのかかることです。Eさんには高校卒業の資格を優先するように助言していますが、Eさんは「高校を卒業してもニートになってしまう」と、再び気持ちが落ち込むようになりました。

境界知能の人は、高校生活や進路、就職活動で、何らかの配慮や支援を要すると考えられますが、公的な支援を受けることはできません。卒業後は専門学校に行くことを希望していますが、就労にあたり、発達障害かうつ病で、障害者枠で仕事を探した方がよいかどうか、Eさんや家族と相談しています。

2 高校での勉強についていけない、進路の相談ができない

境界知能の人の中には、Eさんのように、希望通りの高校には行けず、自分の偏差値で入学可能なところを選ばざるをえません。入学しても、家族のサポートや学校側の配慮がないと、中退に追い込まれたり留年もありえます。高校を中退すると、次の学校や就労先を探すのは容易ではありません。

中学と異なり、高校は自由度が高くなりますが、境界知能の人は自分で決めることも苦手で

す。あるいは、自分の選択が実現困難だという認識がなかったり、不利になることにも気づかないこともあります。一度決めたことを変更することに抵抗感を持つ特性がある人もいます。変更したところでうまくいかない、失敗を重ねるよりは、現状を続けた方がマシだと考えているのかもしれません。

3　高校卒業後、就労の猶予期間として進学

２０２２年３月に全国の高校および中等教育学校を卒業した99万5千人の進路の内訳は、55・3％（55万人）が大学進学、16・7％（16万6千人）が専門学校進学となっています。これに短大進学3・8％（3万8千人）を合わせると、全体の75・8％、4人のうち3人が高等教育機関に進学していることになります（図④）。

全入大学（大学入学希望者が入学定員を下回るため希望者全員が入学できるような大学）には、高校の授業内容を理解できていなくても入学できることになります。わかりやすく言えば、境界知能の人や、場合によっては

図④　進路の内訳

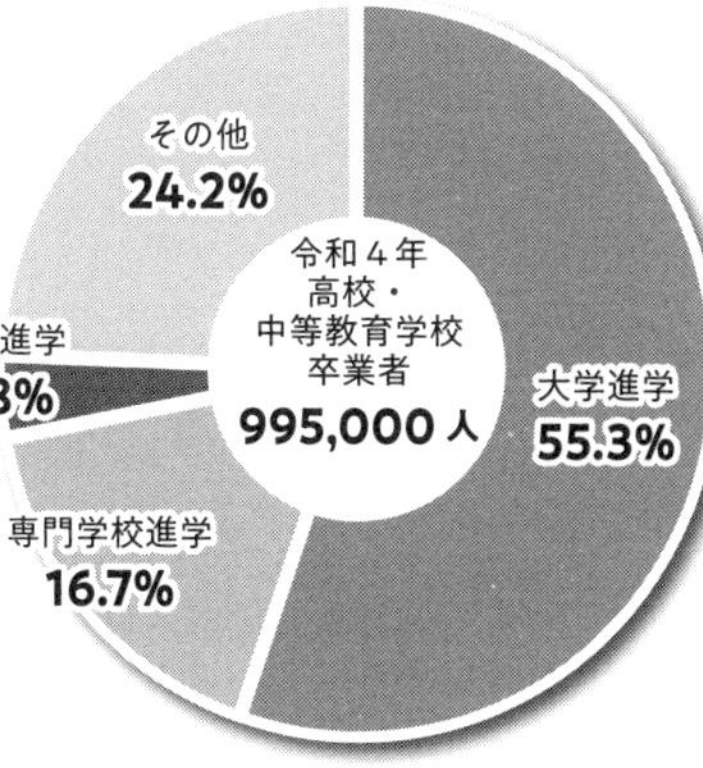

軽度知的障害であっても進学できる高等教育機関があるということです。

そのようなケースの多くは、高校を卒業しても就職できなかったり社会人になるのが難しいため「とりあえず進学」するという選択肢を取らざるを得ないのでしょう。しかし2~4年は専門学校や大学に通っても、適切な進路指導はもとより、高校までと異なり、成績の悪い学生に積極的にバックアップするシステムはありません。十分な生活指導、就労サポートを受けられず、単位の取得に苦労することになってしまいます。公的な機関で就労相談を受けても、そこでは正常知能の人との競争を強いられることになります。

4 障害者雇用と一般雇用の狭間で

障害者基本法では、基本理念で「全ての国民が障害の有無によって分け隔てられることなく、相互に人格と個性を尊重し合いながら共生する社会を実現するため」の取り組みと定められています。

そして、障害者雇用促進法では、障害者の就労の安定を図るため、民間企業や国、地方公共団体などに対し、常時雇用している労働者の一定割合に、障害者の雇用を義務付けています。

厚生労働省は2023年1月に現状の2・3%から、2024年度に2・5%、2026年度に2・7%へと段階的に引き上げる方針を発表しました。2023年現在、民間企業は2・3%、国、地方公共団体等は2・6%、都道府県等の教育委員会は2・5%となっています。
障害者雇用の対象となる人は以下の人たちです。

❶身体障害者

身体障害者福祉法による「身体障害者手帳」を所持している方。

❷知的障害者

都道府県知事が発行する「療育手帳」を所持している方。障害の程度によってA「最重度」「重度」、B「中度」、C「軽度」に区分されています。療育手帳の基準が都道府県でまちまちなので、厚生労働省は統一の基準をつくる手続きを進めています。ここには境界知能の人は入っていませんが、もしこの枠に入るとなると、さらなる厳しい選別が行われる可能性があります。

❸精神障害者

精神保健福祉法による「精神障害者保健福祉手帳」を所持している方。
精神障害者保健福祉手帳を取得できる精神疾患の種別は以下の通りです。

・統合失調症
・うつ病、そううつ病などの気分障害
・てんかん
・薬物依存症
・高次脳機能障害
・発達障害

＊そのほかの精神疾患（ストレス関連障害等）

「そのほかの精神疾患」として挙げられているストレス関連症とは、PTSD（心的外傷後ストレス障害）や適応反応症（適応障害）などであり、不安障害や強迫性障害は含みませんが、うつや適応障害を併発しているということで申請される人もいます。

身体障害のある人は、生活上の不具合がわかりやすいため、ほとんどの方が身体障害者手帳を取得していると考えられますが、これとは対照的に、精神障害者保健福祉手帳を取得している人の割合は一般人口の0・8％程度とされています。

うつ病やてんかんで精神障害者保健福祉手帳を取得している人は、一定期間治療に専念して症状が安定すれば、勤務を継続することが可能です。一方、わかりにくい障害である発達障害の人は、もっとも雇用につながりにくく、知的障害を併発していない場合は、障害者雇用を諦めて一般雇用を目指す人も少なくありません。

福祉手帳交付の対象となる人でも受診をしていなかったり、あるいは手帳の取得を希望しない人もいます。過去2年間でこれらの精神障害に該当する人がどのくらいいるのか、すなわち精神障害者保健福祉手帳の取得率を推定するのは困難です。厚労省も障害者雇用の割合は、手帳取得者の数から決めているのでしょうが、障害者の人口に比べて雇用目標の割合が低いと言わざるをえません。

また身体障害、知的障害、精神障害を「障害者」とひとくくりにされていますが、障害の種別によって雇用されやすさには明確な差があります。

国が示している雇用割合は、障害の種別をすべて含んだものであり、障害者雇用枠の中でも、雇用されやすい障害とされにくい障害が区別されていません。たとえば、身体障害で車いすを使っていてそのほかの障害のない人は、社内をバリアフリーにすることで採用される道が開けます。

医学では精神障害という用語は避けて「精神疾患」としています。障害という言葉は、disabilityを意味して、その状態が固定した状態をイメージさせます。精神疾患は症状が変化しうる（軽くなりうる）ものです。事実、精神障害者保健福祉手帳の有効期間は基本的に2年で、その期間ごとに見直すことになっています。

福祉や就労支援の現場では、本人に手帳の取得を促しますが、取得に至らないものの支援が必要な人の中には、境界知能の人が含まれています。境界知能は知的障害や発達障害に類似した特性のある人が多いのですが、そもそも障害者雇用の枠にも含まれていません。

そのため、境界知能の人の就労は一般枠になり、知的に正常といわれる人と同じ土俵で就職活動を行うことになります。アルバイトをしながら正規採用を目指しても、仕事を覚えられない、他の学生と比べて作業効率が悪い、などの理由からアルバイトから雇用につながるどころか、Eさんのように、やっと見つけたアルバイト先も短期間で辞めさせられて、また別のアルバイトを探さざるをえない、という現実に直面します。

障害者枠の雇用であっても、都市部では雇用の枠は多いものの、採用されやすい人から決まっていきます。一方地方では、ひきこもった人を対象に「農福連携：障害のある人などが、農業分野に従事し活動することで、自信や生きがいを持って社会参画を実現していくと同時に、担い手不足や高齢化が進む農業分野において、新たな働き手の確保につながる可能性も含めた取り組み」が行われています。しかし、そこでも「障害があると認定されている人＝手帳を持っている人」が優先対象となります。

国が示している数値は法律で定めた最低値ですが、それを超える障害者雇用を実施している企業は、わずかしかありません。

障害者就労の枠は広がっていますが、単純な作業でも工賃が上がりませんし、単年度契約のことも多く、常に次年度もこのまま仕事が続けられるのかという不安があります。年齢を重ねたら体力的に仕事が続けられるのか、新入社員の入社、上司の交代、所属部署の変更など環境の変化についていけるのかなどの心配もあります。

境界知能の人は、雇用されにくさに加えて、雇用されても勤続できるのか悩みをかかえることになるでしょう。

5 二次合併症が雇用をさらに難しくする

境界知能の人の生活上の困難さは、そのものの特性だけでなく、二次的に発生することがあります。具体的には叱られる経験が多い、仲間外れにされる、いじめの被害に合う、騙される・利用されやすい、嫌な思い出を振り払えない（トラウマティックな経験）、という二次合併症が挙げられます。

うまくいかないことの連続で自己肯定感も低くなり、新しいことにチャレンジする前に、失敗することをイメージして諦めてしまうこともあります。

就労相談の担当者も、正常知能の人と同じように、「自主的に何がやりたいのかを考えて」「会社に頑張っている姿勢を見せて」などと指導しがちですが、そもそも境界知能の人にはハードルが高過ぎるため、同じ土俵で競争させることを見直す必要があります。

6 雇用が決まらないと家族の不安が増大する

軽度知的障害の方が就労すると、平日フルに勤務して月13~14万円の給料を受け取ることが多いようです。決して多い額とは言えず、家族や本人からは一人暮らしが難しいと相談されることもあります。

しかしこの金額は最低賃金を念頭に置いた賃金で、障害者雇用で働く人が不当に低い金額で雇用されているわけではありません。一般雇用で働いてもほぼ同じ額で、むしろ障害者雇用で働く方が権利が守られやすいという利点があります。一般雇用では長期間勤めると、それなりのスキルアップや貢献が求められ、それがネックになって就労が長続きしないこともしばしばあります。

年収200万円未満では自立して一人暮らしするのは困難で、余暇を楽しむことも家族と一緒でなければ難しく、新たな人との出会いも稀で、結婚はなかなかおぼつきません。

20歳になると障害者年金の支給対象になります。障害者雇用の給料だけでは自立できないため、障害者年金の給付申請をするのですが、審査基準が厳しくなかなか認められません。財源に限りがあるということもあるでしょうし、何よりも非正規で就労を続けている人たちが最低賃金で生活している現実がある限り、障害を理由に年金を支給することの社会的な合意形成がされていないからだと思います。現状の福祉政策の基準が、一般の非正規の人たちの月収を16万円前後とすると、障害者が13～14万円の月給でよしとしているようにも思います。

境界知能の人はまず就職の段階で、一般の人と競争になります。そうするとなかなか採用につながりません。47ページのEさんの場合も、時間をかけて就職先を探しても、見つかるあてもありません。その間年金も、公的な就労支援も受けることができません。家族の将来への不安は、軽度知的障害の人たちよりも大きいと言えそうです。

境界知能の人は、一見しただけでは正常知能の人々と区別がつかず、学校生活で困っていないように見えてしまいます。一方で、困っていても支援に結びついていない現状があります。

第5章 境界知能の子どもに必要な支援

1 早期支援を受けたケースと受けられなかったケースの比較

この章では、境界知能と考えられる人に必要とされる支援について考えてみましょう。2つの症例を先に紹介して、解説を加える形で課題を明らかにしていきたいと思います。

症例⑥は軽度知的障害で小学2年生のときから支援を受けていたケースです。もう一つの症例⑦は、IQの数値が対象外と判断されて支援を受けられなかった例です。家族の支援を受けて大学まで進学し卒業のめどはたったものの、就労でつまずいて、これから何らかの支援を受けられないかという相談を受けました。

症例⑥　早期から全面的にフォローする家族がいるFさん

就学相談までは明らかな発達の遅れは指摘されておらず、小学校入学当初は通常クラスに在籍しました。しかし、すぐに授業についていけない状態になり、小学校2年生のときにIQを測定したところ69という結果だったということです。

授業についていくのが難しく、IQが69。この数字と状況を保護者や家族がどう判断するか見解が分かれるところです。70という線引きをわずかに下回る状況ですので、「できるだけみんなと一緒に」という考えもあります。一方で、学校で同じ教えられ方をしても本人はわからないことから、支援学級に通うという選択肢もあります。保護者は軽度に知的な遅れがあると受け止め、迷わず支援を受けることを選び、本人は支援級に在籍することになりました。

Fさんの保護者は問題意識が高く、特に変わりがなくても、半年から1年に一度、小児科の主治医に相談をしていました。診察の間隔が1年以上空くと初診扱いになり、診断書や支援にかかわる書類の期限が切れてしまいます。支援を受けるための手続きの書類の作成のためにも、医療機関に継続してかかっておくことは重要と認識されていました。

3年生から、そこの学級で学校も休まずに通学しました。卒業後、中学校も支援級に在籍していました。家族も本人も、特別支援の実践を尊重して、学校や家庭での適応状態は良好でした。成績不良に悩むこともなく、他人と比較することもなくのびのびと過ごすことができました。

高校は特別支援学校に進学しました。高校在学中に、卒業後の進路を考えながら就労指導といろいろな実習を受けて、本人が卒業後安心して就労できる特例子会社（障害者雇用の促進と安定を図るため、障害者の雇用において特別の配慮をする子会社）に就職が決まりました。

家庭では、社会人になる準備として、実用的、社会的なスキルを身につける練習を行いました。具体的には、欠勤、遅刻・早退をしないように規則正しい生活を身につける、通勤の途中で電車が止まったらどうする、ストーカーにあったら誰にどのように相談する、手持ちの金額によって買い物の優先順位をどうするかなどです。

軽度知的障害の人は、買い物で金額の計算ができないと心配して、少額をチャージした電子マネーを用いた決済を勧める保護者もいますが、この親子はあくまで、現金で実戦経験を積みました。

●就職後のFさん

就職後も継続意欲も強く仕事に熱心で、もっと給料をもらえるにはどうしたらよいか、ポストが上がったら新人の育成もしたいと意欲的でした。医療機関の相談の窓口はずっと保っておきたいということで、18歳までしか診察できないと言われた小児科から、年齢制限を設けていない著者の外来に転院し、半年から1年に一度くらい相談をしたいという希望がありました。

最近の外来で、受診時にお土産を持って来られました。私はてっきり特例子会社の製品かと思ったのですが、本人に聞くと病院に向かう途中においしそうな栗きんとんを売っていたので、先生のおやつに買ってきたと話したのです。彼女の温かい思いやりを感じました。知能が正常といわれる人と変わらない社会性を身につけていると感心しました。

このケースは、継続的な家族のサポートと学校からの支援を受けて、二次合併症もなく就労に至りました。ＩＱは70をわずかに切っていますが、金銭管理や対人関係といった社会的・実用的な生活も良好であり、知的障害の概念から外れるかもしれません。本人も家族も継続診断、支援を求めており、フォローしていきたいと思っています。

症例⑦　IQの数値に振り回されてしまったGさん

幼児期に発達の遅れを指摘され、就学相談でIQの検査を受けたところ74という結果で、通常のクラスに在籍することになりました。小学校入学後も授業についていくことが難しく、小学2年生のときに再度IQ検査を受けたところ、結果が72と微妙な数値、境界知能の数値の中でもより低い値でした。支援学級はIQ70未満の子どもで空きがないということで、そのまま通常クラスに在籍、家族が自宅で勉強の面倒を見ていました。

東京都だとIQ74以下は支援学級の対象になりますが、自治体によっても多少判断が異なるようで、統一された基準はありません。またIQ以外の要素は、発達障害があるかないかは考慮されますが、それ以外の要素はほとんど考慮されていないようです。

Gさんは小学校では、勉強がわからないだけでなく、友だちも少なく、友だちと話をしたり勉強を教えてもらうこともなく、何となく家と学校を往復するだけで、帰宅後に家族に勉強を教えてもらっていました。

中学に入学するときに再度IQの検査を受けて、74という結果でした。小学校と同様、通常クラスで中学でも孤立した状態でした。医療機関に受診はしていないものの、母親の知り合いの臨床心理士でスクールカウンセラーも務めている知人に定期的に相談し、決して無理をさせることのないように助言を受けていました。そのときに本人も同席したようですが、特に困り感を訴えることもなかったということです。

高校は、自由度が高く提出物をちゃんと出して出席や授業態度がよければ、卒業できるところを選びました。本人はもともと真面目な性格で、困ったように見えても不満をぶつけるようなタイプではありません。「普通は学校へ行くものだ」という信念もあり、ほとんど休まずに通学し、高校3年生のときには、入試対策として、面接と小論文の書き方の指導を受けたということです。わからない授業があるものの、卒業はできました。

ＡＯ入試で大学に合格することができ、コロナ禍に大学に進学しました。その年に入学した学生は、通学もできず失望感を持ちやすいのですが、本人は、通学する必要がないことにむしろメリットを感じ、オンライン授業にもすべて参加しました。

しかし、授業の内容は理解できず、オンライン上での提出物もすべて家族が手伝っていました。そのような状況で3年の間に卒業単位はおおむね取得できたのですが、就職活動でつまずいてしまいました。

大学で就職相談をしたところ、取得した単位は、ほとんどが教養科目で資格取得関係の科目がなく、成績と取得科目からは斡旋できる就職先もないため、自主的に探すようにと言われました。本人が進学したのは、いわゆる全入の大学で、大学卒業の学士資格は出すものの、就職斡旋は成績優秀で意欲のある一部の学生に限定しているようでした。

母親の友人である臨床心理士から紹介されてＧさんは私の外来にやってきました。簡単に問診をして再度ＩＱを測定し、その結果がわかる日に再診を予約しました。ＩＱ値を測定すると65でした。本人も保護者もずっとＩＱの数値に振り回されていました。

ＩＱの構成では言語理解の得点が低いことが目立ちました。知覚推理はそれほど低くないのと対照的でした。言語理解が乏しく、予定の変更が利かず、友だちをつくることに興味はないようでした。授業がわからず学校は楽しくなかったものの、「学校は行くものである」とほぼ毎日通っています。また生活習慣も画一的で、たまには変えてみたいということもないようです。

診察室で本人に質問すると、うまく答えることができず、親が説明して、その後本人はうなずく程度でした。自分の困り感を言葉で表現することが明らかに苦手な様子が見て取れました。今までの学校であった出来事を質問しても説明につっかかってしまい、質問にも表面的な答えで、「特に問題ありません」「できると思います」といった曖昧な答えでその場をやり過ごしていました。

検査と診察でＧさんの社会性を見ると、ＡＳＤ（36ページ参照）の特性も疑われました。今まで家族のサポートを受けて、小学校から大学まで学校に参加するだけの状態でしたから、ＡＳＤの特性が前面に出てこなかったために相談する機会もなかったのかもしれません。

診断には慎重さは求められますが、就労にあたり支援は必要だと考え、ＡＳＤ＋知的障害ということで、精神障害者保健福祉手帳を申請することになりました。

2 境界知能の人が身近にいることを知る

表②はFさんとGさんの家庭と学校での支援の違いを表にしたものです。学校で学習の配慮を受けられたかどうかの違いがあり、症例⑦は、対人関係や学校生活についても配慮が必要なことがわかります。

境界知能の人は、一見すると正常知能の人々と区別がつかず、傍目からは困っているようには見えません。本人や家族が困りごとを伝えることは少なく、むしろ本人は、小手先の返事の仕方やこれまでに身につけたソーシャルスキルを使って困っていないようにふるまい、その場を切り抜けてきたのです。

そのようにして学生生活は何とか切り抜けたとしても、就職活動でつまずいてしまいます。就職できたとしても、「不当」に低い評価を与えられることがしばしば起こります。

境界知能の人は人口の約14%。すなわち約7人に1人存在します。通常のクラスに5人程度いると考えたら、そのうちのほとんどの人が十分な教育支援を受けないまま社会に出ていくことになります。社会はこの事実を直視することが喫緊の課題です。

表② 症例⑥と症例⑦の比較

	症例⑥ 小学生から支援を受ける Fさん	症例⑦ 20歳をすぎて支援を開始 Gさん
教育	支援を受けてニーズに合った教育 高校在籍中に就労支援	学校で配慮が得られず、 高校、大学はいわゆる全入の学校
雇用	高校で斡旋された事業所に 障害者枠で就労し、勤務中	大学で就職斡旋を受けられず、 障害者雇用を選択
対人関係	良好	友だちもなく孤立傾向
家族の支援	学校、医療機関と連携した支援を受け続けることが可能	家族単独で本人の学習、進路を模索した
自己肯定感	保たれている	低い
生活・健康の管理	就労にあたり家族が指導 家族と協働で行っている	学業で精一杯であり、身についていない
将来展望	就労継続、昇給などの希望も	描けていない

重要なのは、周囲の人が境界知能の人に対して「劣っている」という見方、接し方をしないことです。言わずもがなですが、人間の価値は、知性ましてやIQだけで決められてしまうものではありません。境界知能はIQの数値だけの分類に過ぎず、知的にマイノリティ（少数派）なだけなのです。

3 社会の理解の現況とこれからの課題

さまざまなIQ値の人が、日常生活に必要な知的活動を行うことを考えてみましょう。予算の中で買い物をする、経費や移動時間を考えて最適な経路を探す、人にわかりやすく自分の考えを伝えるなど、いろいろあります。

高IQの人は容易に、通常IQの人は普通に、そして知的障害の人はサポートを受けてその目的を達成することができるでしょう。しかし支援を受けられない境界知能の人は日常生活でさまざまな困りごとに直面します（図⑤）。

境界知能の人に合理的配慮をするとしたら、境界知能の人が到達可能なレベルに目標を下げて対応することが不可欠です。平均的IQや高IQの人には、その重要性がにわかに理解できないかもしれません。

すべての人が等しく自由を享受するためには、個人の能力に応じて実現可能な目標が設定されることが望まれます（図⑥）。高IQの人の目標は高く、境界知能の人は低過ぎるように思えるかもしれませんが、一定の目標を目指して、到達したときの達成感を味わうことで社会との共生を得ることが大切な視点なのです。

図⑤　さまざまなIQ値の人が、日常生活をするときのハードル

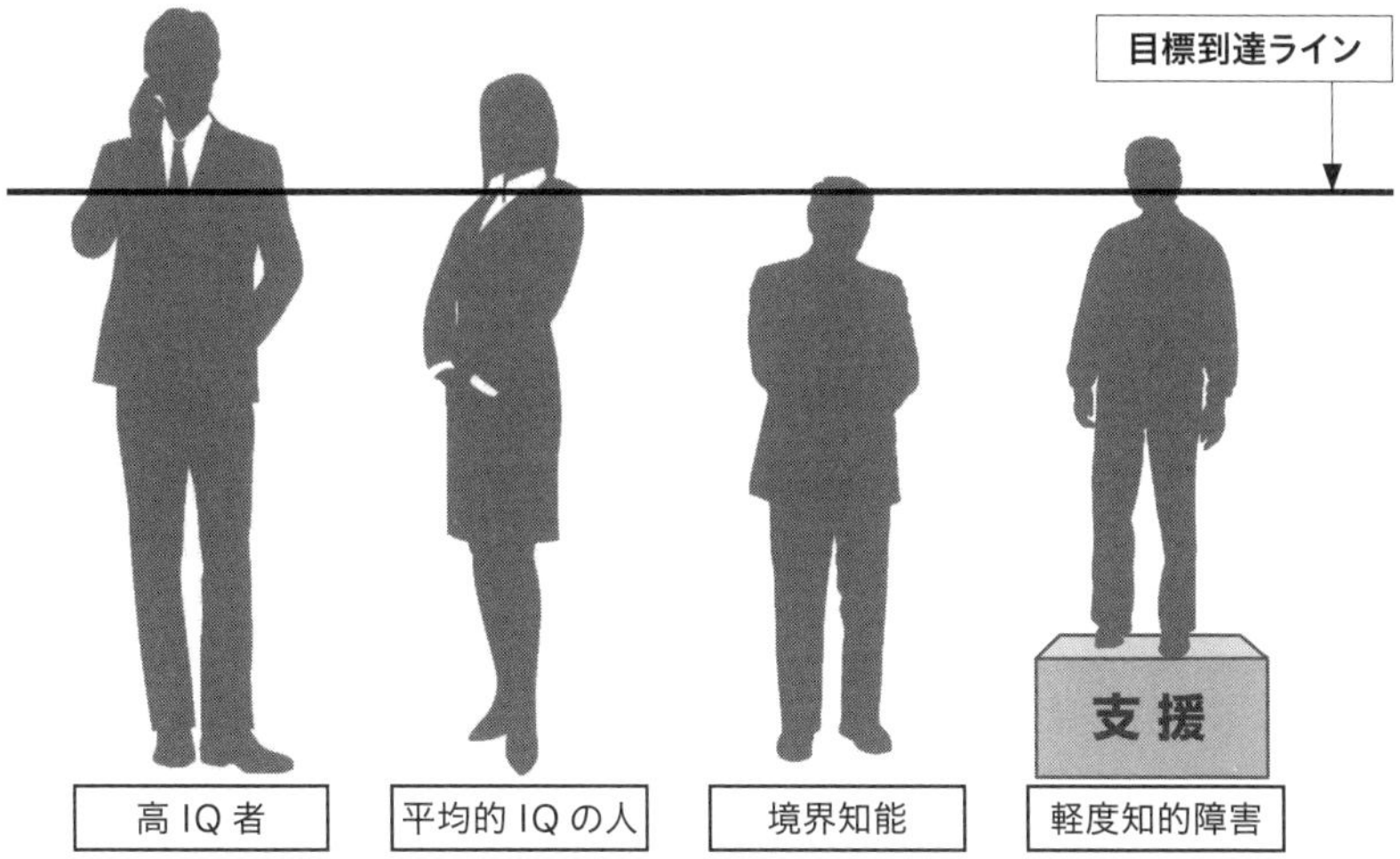

図⑥　ハードルを変える

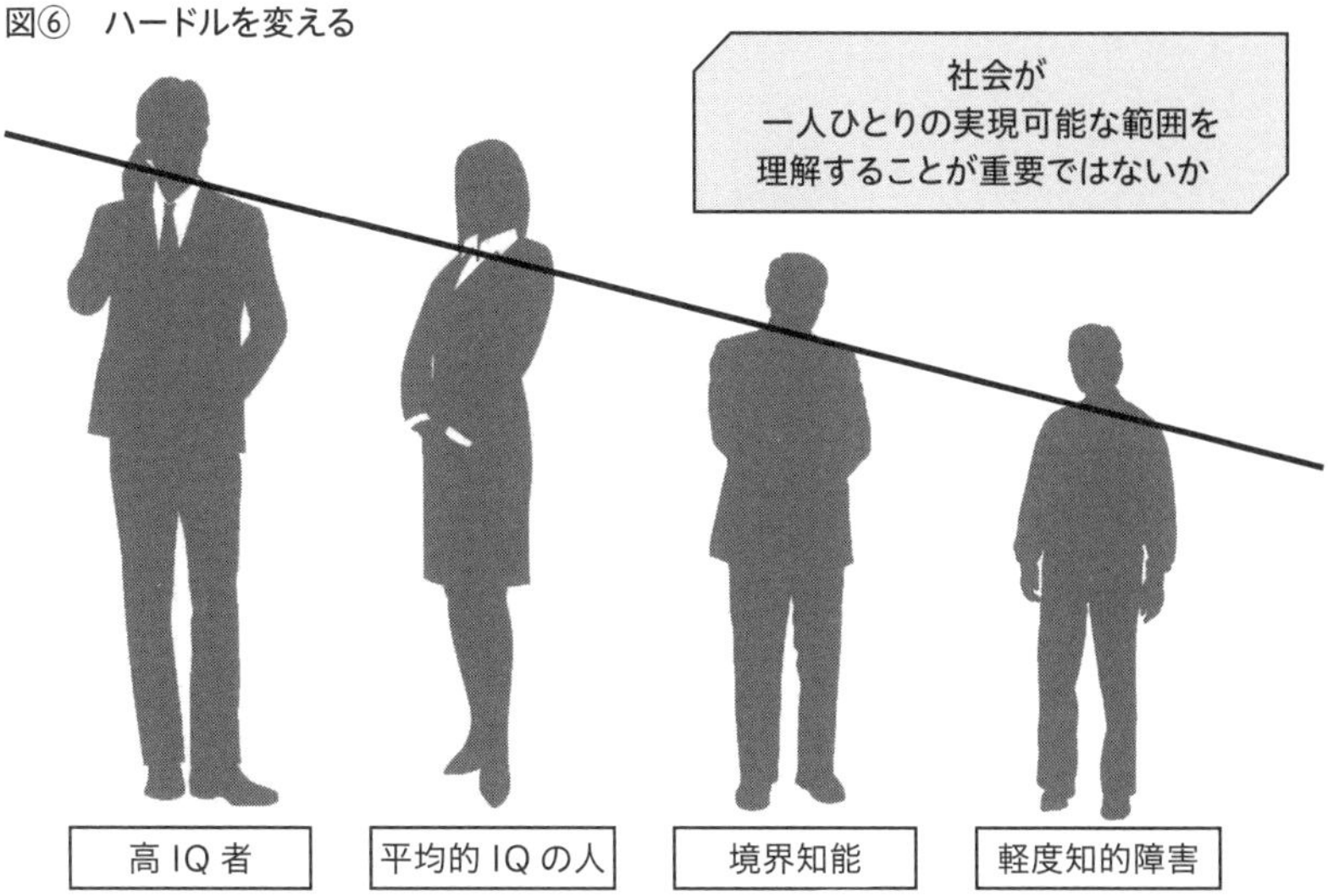

4 臨床家や支援者からなぜ見落とされてきたのか

境界知能は診断名として取り上げられることもなく、臨床研究もほとんど行われてきませんでした。そのため、福祉サービスの制度からもずっと見落とされてきました。

実は、私自身も例外ではありません。今まで診察をしてきた子どもたちの中に、境界知能と考えられるケースが多く存在していたのですが、それぞれの診断名をもとに治療や助言を行ってきました。

これまでの診療を振り返ってみると、治療の効果が得られやすい人と得られにくい人がいること、得られにくいケースの多くは境界知能ではないかということに気づきました。その理由は、軽度知的障害の人と同じ困難さを持つ可能性があるのに周囲がそれに気づかなかったこと、さらに失敗体験による自己肯定感の低さなど併存症が多いことが挙げられます。

5 支援を必要とする境界知能の人

境界知能の人すべてが、支援を必要としているわけではありません。むしろ社会全体の障害についての意識を高めることで、ユニバーサル化を進め、支援が必要な人の数を減らしていくことが理想的だと思っています。これは「障害の社会モデル」と呼ばれ、障害の原因は個人の中ではなく社会の側にあるとする考え方に基づく視点です。

境界知能で医療機関を受診している人は、ほかの診断や困りごとがある人がほとんどで、境界知能だけで相談したとしても、継続はしにくいでしょう。医療的対応の対象となるのは、以下のような5つのケースだと考えています。

❶発達障害の合併のある人

ASD、ADHDのほか、対人トラブルになりにくく見逃されやすい発達障害（LD、吃音、DCD*など）の人は、診断に必要となるそれぞれの症状において支援や配慮があっても、境界知能の特性が配慮されることはありません。

*DCD：発達性協調運動障害。協調運動とは、目的を持っていくつかの筋肉の動きを統制することで、日常生活の多くの動作が協調運動である。一般には「不器用」などと呼ばれるが、一つの協調運動を行うときに、異常なほど時間がかかる、もしくは動作が不正確であることが特徴である。

そのため特に進学や就労で困難に直面します。思春期以降、発達障害の診断に必要不可欠な多動、衝動性や学習困難などは改善することが多いのですが、日常生活に必要な知的活動について支援を受けることは想定されていません。知的障害と発達障害の合併はさほど多くはないのですが、境界知能と発達障害の併存は多く見られます。詳しくは第7章をご参照ください。

❷愛着障害のある人

一般的に「愛着障害」と呼ばれているものの診断名は反応性愛着障害です。愛着障害の人は、自己肯定感の基盤ができていない、対人関係の構築が困難、失敗体験を自分の責任と刷り込まれて、SOSを出せない、支援を拒否することもあります。感情のコントロールも苦手です。

私の臨床経験では、平均的にIQも低いように思いますが、愛着障害の側面が注目され、知的部分が軽視されていると考えています。

愛着障害があっても、知的に高い人の方が適応はよいと言えます。ただし精神面の負担は差がありません。

❸学業不振の子ども

成績が芳しくない、同じように勉強しても効果が上がらない子どもの中には、境界知能の子が多いと思われます。家族が希望しなければ、成績不良だけでIQテストを受けることはないでしょうが、境界知能であれば、学習法や補習など何らかの対応を検討した方がよいと考えます。学業不振は、自己肯定感の低下や、親子の葛藤を深め、親も耐え切れずに激しく叱責する、さらに自己肯定感が下がる、親子で将来を悲観するなど、悪いサイクルに陥る心配もあります。

❹不登校など不適応状態になった人

不登校の状態に陥った子どもにも境界知能の可能性が少なくないと考えます。もともと境界知能の子どもは、学習への困難さに対しての配慮が得られず、無理な学習計画を親や教師から要求されたり、劣等感を繰り返し経験することが多く、それが不登校のきっかけとなります。心気的な症状（心身の不調）が改善したとしても、学習の遅れが登校や同級生との交流の妨げになります。睡眠障害やゲーム依存なども、抑うつと同様、健康と疾患の管理、日常生活の計画の実行の妨げになります。不登校児のＩＱについて、高ＩＱとの関連を指摘する報告もあります。一方で、境界知能と不登校の関連についての研究はほとんどないようですが、実際はかなり関係していると考えています。不登校になった人で、もともと学習の問題をかかえている子どもも多いことから、不登校の子どもには「境界知能」の可能性を考えることも必要でしょう。

❺抑うつ状態のある人（診断はうつ病）など

抑うつ状態になると、精神活動と身体活動が低下します。抑うつ症状が出る前は平均的ＩＱの人も、境界知能のレベルまで知的活動が低下することがあります。抗うつ薬や精神療法で抑うつの症状が改善しても、知的活動が改善したかどうかは見落とされやすいと言えます。日常生活に困り感があっても、「うつ病の改善経過の段階」と捉えられて、背景にある知的活動の低下まではフォローされていないのが現状です。

また精神疾患を発症したときに知能検査を受けると、以前より低下して、正常域の人が境界知能に、境界知能の人がIQ70を下回ることもあります。

6 知的障害の人に漏れのない支援を

内閣府の「障害者白書（令和5年度）」によれば、知的障害の人数は109・4万人とされ、総人口1億2445万人の約0・88％になります。しかしこの割合は、IQ値の割合から予想される知的障害の割合（約2％）の半分にもみたない数字です。

内閣府の白書は、知的障害として療育手帳等を取得して支援を受けている人の割合であり、実際は知的障害であっても、気づかれないか、家族や本人が支援を拒んでいる可能性があります。一方、ここ10年で、知的障害の人数は約55万人増えていて、その認知度は高まっていると言えます。

中等度以上の知的障害は、就学時など比較的早い時期に気づかれるため、手帳を取得できますが、軽度知的障害の人は境界知能と同等以上の社会生活の困難さをかかえ、半数以上が支援に結び付いていないのではないかと懸念しています。

障害のある人の中で、支援を拒否する人も少なからずいます。本人のプライドもあり、障害であること自体を受け入れたくないこともあるでしょう。本人にも誤解や偏見があるのかもしれませんが、周囲の人から、誤解と偏見による不利益をこうむりたくないと思っていることもあるでしょう。

まずは、軽度知的障害の人の支援を広げること、同時に境界知能の人の中にも知的障害と診断できるような社会生活に適応状態の悪い人を、知的障害として支援に結び付ける必要があると思います。

7 診断、評価、支援ができる人材を育成すること

知的障害を診断するのは医師の仕事ですが、医師がＩＱを測定することはまずありません。時間のかかるＩＱ検査を医師が担当することは効率がよくありませんし、そもそも医師でＩＱ測定の経験が豊富な人もいないので、実際は心理士に依頼しています。

医師は心理士が実施したＩＱ検査の結果をもとに診断を行いますが、実情は、知的障害の診断について経験のある医師は多くありません。小児科医であれば、中等度以上の知的障害の診断は比較的容易ですが、軽度の知的障害かどうかの判断は、早期療育や支援の観点から、ＩＱ70を下回っているかどうかで診断する傾向があります。ただ、そのほかの国際的なコンセンサスをふまえての診断はほとんど行われていません。また、一度療育を開始した後の評価も十分に行われているとは言い難いのです。

一方、アメリカでのホームドクターは、知的障害を診断するためのトレーニングをまったく、

あるいはほんのわずかしか受けていないことが報告されています。日本では、青年期以降の成人は精神科医や内科医が診察を担当しますが、それまでの発達をふまえた診断技法には習熟していません。だからといって、精神科医や内科医も全員発達をふまえた診断を行うことを要求するのは現実的ではなく、小児科医と連携を取ることが必要です。

IQを測定する心理士も、適応状態の評価については経験が乏しいことが多いようです。また、それを医師に報告しても適切な助言を得られることも少なく、包括的な判断のスキルが獲得しにくいのではないでしょうか。

では、療育手帳の申請の相談を受ける福祉の現場はどのような課題を抱えているのでしょうか？　公的機関では、さまざまな部署に異動することが一般的です。知的障害のある人に助言するには、ある程度専門的な知識と経験を必要とします。

しかし相談する担当者によって、経験や助言内容が異なり、申請を躊躇することもあるでしょう。対象者を判断し、必要とされる人に必要な支援を行うことが原則でなければなりません。

8　教育のユニバーサル化

ユニバーサル化は「一般化、普遍化」などと訳されますが、社会生活環境が「ユニバーサル化」することにより、多くの人が生活しやすい環境になります。街中には、障害のある人、境界知能の人、日本語の読み書きができない人、高齢で判断力の落ちた人、海外からの旅行者、単独で行動している子ども、妊産婦など、配慮が必要な人が行き交っています。わかりやすいデザインの案内板、視覚と聴覚両方から情報を提供しバリアフリー化することにより、人々の生活が快適になります。ＩＴを利用して、ユニバーサル化を推進していくことが求められています。

同様に、授業の方法をユニバーサル化することも重要です。境界知能の子どもの困難さは、授業で顕著になることがよくあります。たとえば、書字の速さと正確さが求められる板書は、学習障害の子どもだけでなく境界知能の子どもにも困難な動作です。

境界知能の子は、複数のことを同時に処理することが苦手です。そうすると、「板書する」「テキストを音読する」「注意事項を聞き取ること」などで精一杯で、肝心の板書内容、音読内容、指示内容を理解できず、失敗したり、注意されたりする、などの様子が見られます。限られた授業時間を多くの子どもが有効に使えるように、教育方法もユニバーサル化が必要でしょう。

あらかじめ内容が書かれたプリントを準備して、板書する時間を省略することで、その内容を理解することに時間を割くことができます。

そのヒントとなるのは具体的な「合理的配慮」です。合理的配慮は障害のある子どもたち個々に、必要となる配慮を行うことですが、その中には、予定カードの導入、文字を拡大する、書いたものを音声で読み上げるなど、すべての子どもたちにわかりやすい方法があります。通常のクラスで積極的に導入できるユニバーサル化の例といえるでしょう。

また、境界知能の子どもの支援として「コグトレ」が注目されています。コグトレは立命館大学の宮口幸治先生が開発したプログラムであり、社会面、身体面、学習面から学校で困っている子どもたちを包括的に支援するトレーニング法です。詳しくは、宮口先生の書かれた多くの著書がありますのでご参照ください。このプログラムは、各教科を学ぶ基礎の部分を固めることで、その後の学習が進めやすくすることを目的としており、境界知能の子どもに適していると評価されて、実際取り入れている学校もあるようです。

これらの方法を導入することは、先生方の負担も増えますが、そのためには、働き方や意識改革も必要となります。同じ教え方をしてわからない子どもは、別室や家庭で補習するのではなく、クラスにいる子どもたちに等しく学習する権利や機会を与えることを認識してください。

授業を受験準備にあてたり、より知識を伸ばしたい子どもと同じプログラムにすることは困難かもしれません。しかし欧米諸国の中には、授業が簡単にわかる子どもがわからない子どもを教える時間を設けているところもあります。教えることは復習にもなりますし、教師は、その様子を見守りながら、必要なときにサポートすればよいので負担も減り、自身のリスキリングの余裕も出てきます。

日本では保護者からの反対も予想されますが、新しい教育のあり方を試す価値はあると思います。競争だけでなく共生を学ぶ、困っている子どもの実際を体験することによって、多様な立場や考え方を学ぶ機会になります。

9 社会の方が歩み寄る

日本では、格付けについての番組も多く、「マウントを取る」などの表現で、さまざまな要素の中で、人の優劣をつけたがる傾向があります。この現象は、社会の人が共生して生活する上で息苦しくなるばかりでなく、偏見や差別にもつながりかねません。

障害者差別解消法が制定されても、まだまだ偏見や差別的な考えを持っている人は多いように思います。それ以上に少数派（minority）の人たちは差別だけでなく、その権利も侵害されている現状があります。LGBT理解増進法に後ろ向きな議員が多いこと、外国籍の日本居住者の権利も尊重されているとは言い難いのが現状です。

境界知能の人を「できが悪い」「努力不足」と批判することはあってはならないのですが、一方で、「障害者枠」でひとくくりにしてしまうことにも大きな問題があります。2023年度から、障害者雇用率は2・7%[*]に、国および地方公共団体は3・0%（教育委員会は2・9%）に引き上げられることになりました。仮に、人口の約14%にあたる境界知能の人がこの障害者枠に入ると、境界知能だけでなく、多くの障害者の雇用が厳しくなる可能性があります。

収益を上げることが最大の目的であり、他社と競争する企業において、境界知能の人が、正常知能以上の人と競争することは厳しいでしょう。かといって「障害者認定」「障害者雇用枠」を促進することも限界があります。

この点からも社会の一人ひとりが、歩み寄り、共生していく方法を考える時期にきていると思います。

＊ただし、雇入れに係る計画的な可能となるよう、２０２３年度は２・３％で据え置き、２０２４年度から２・５％、２０２６年から２・７％と段階的に引き上げることとする。

第6章 精神医学の知的障害診断との関連

1 アメリカ知的・発達障害協会の知的障害の概念

ここまで、境界知能のあらまし、知的障害、発達障害との関連など私の臨床例などを紹介しながら説明をしてきました。この章では知的障害に関連する領域を専門的な視点から解説していきたいと思います。

知的障害に関しては、アメリカ知的・発達障害協会（American Association on Intellectual and Developmental Disabilities：AAIDD）という組織が、世界の知的障害分野における、理解、定義、分類、啓発のすべてに大きな影響力を持っています。この分野で世界をリードしている組織で、当事者が中心となっています。アメリカ大統領委員会での活動実績があり、法律、行政にも影響を与えています。

世界の精神医療の紹介も交え、臨床的にも、診断、支援の上でも重要になっている発達障害と知的障害の併存などの問題を解説していきます。

ＡＡＩＤＤの設立は、１８７６年のAmerican Association on Mental Deficiency（ＡＡＭＤ：アメリカ精神薄弱学会）の設立に遡ります。その後、１９８７年にアメリカ精神遅滞学会（American Association on Mental Retardation：ＡＡＭＲ）という名称に変更されました。

精神遅滞という用語は一時期主に医療レベルで使用された用語ですが、日本では精神遅滞と変更を経ずに、精神薄弱から知的障害に変更されています。そして、２００７年に現在の団体名に変更されました。ＡＡＩＤＤは発足当時から、診断や支援のガイダンスを定期的に発刊しており、現在は第12版です。タイトルは“Intellectual Disability : Definition, Diagnosis Classification, and Systems of Support”で、11版にはなかったdiagnosis（診断）という単語が追加されました。

このことは、ＡＡＩＤＤは当事者団体として活動してきたものの、近年の医学を中心とした領域の科学的な知見も採用したテキストであることを示しています。一方で、そのタイトルの通り、支援や法的な権利擁護についても充実した内容となっています。

12版の定義のポイントは、「知的障害とは知的機能（intellectual function）と適応行動（adaptive behavior）の両方に有意な制限（significant limitation）がある状態であり、22歳未満の年齢から始まる」としたことです。とくに「22歳に達するまで」という年齢の上限を記載していることが重要な点で、日本で成人とされる年齢（18歳または20歳）を過ぎても新たに診断できるということになります。

現在の知的障害の定義では、知能検査でマイナス2SDの値である70を採用しています。1959年に出されたAAIDDの定義ではIQ84以下、現在「境界知能」とされている値までを知的障害に含めていましたが、1973年の定義では、69以下にまで下げられたという変遷があり、現在の70に至っています。

同様にWHOの国際疾病分類でも境界性精神遅滞とされていたものが、1975年から、IQ70以下を知的障害の目安とすることに変更されています。

学童期以前に行ったIQ値が境界知能であっても、適応状態がよくなければ、もう一度IQ検査を行い、知的障害の診断に該当しないか再考するプロセスは、(家族や本人が希望しない限り)行われていません。

AAIDDの定義にもあるように、高校卒業や就労のタイミングで再検査を行うことを考えてもよいでしょう。

AAIDDは、知的機能に関して以下の5つの項目を挙げています。

●知的機能……いわゆる知能、学習、推論、問題解決などの一般的な精神能力のことです。境界知能は、知的機能が正常と比べて明らかに低い境界のことであり、IQテストのスコアでほぼ判断することができます。
●適応行動……（adaptive behavior）概念的、社会的、実用的なスキルの集合体で、人が学習し実際に行う行動とされています。
●概念的スキル（conceptual skills）……言語理解、読み書きの能力、お金、時間、数の概念を理解して主体的に行動できる能力（self-direction）です。言語理解と読み書きの能力はIQ値で類推できますが、主体的にできる能力は評価できません。
●社会的スキル（social skills）……対人スキル、社会的責任、自尊感情、だまされやすさ、経験の乏しさ、対人問題の解決、ルールに従う能力、法を守る能力、被害に合うことを避ける能力などです。
●実用的スキル（practical skills）……日常生活能力（身辺自立能力）、職業能力、健康管理、旅行／移動、スケジュールや習慣、お金の使用、電話の使用などのスキルです。

AAIDDは11版までは、知的機能の制約をより重視し、単に診断だけでなく、福祉・行政・司法など医学以外の分野も含めた支援環境（Systems of support）について述べてきました。知的機能の制約とは知能検査で獲得しているとされる能力を、実際の生活で十分に発揮できないことを指します（生活に支障があると同じ意味ではないので、診断プロセスを経ないといけません）。機能の制約を評価するには、ICF（International Classification of Functioning, Disability and Health：国際生活機能分類）の分類が広く用いられてきました。ＩＣＦは、「健康の構成要素に関する分類」であり、２００１年５月にＷＨＯ総会で採択され、２００７年に変更されました。もちろん、機能の制約があるだけでは、「診断」にはつながりません。

医学的な診断モデルとしては、１９０５年に、フランスのアルフレッド・ビネーが世界初の知能検査を公表しました。知的障害の診断において、知能検査という客観的な尺度を用いるきっかけとなりました。それ以降、知能検査はさまざまな学者によって改訂されています。

代表的なウェクスラー児童知能検査（ＷＩＳＣ）は１９３９年に作成され、その後、小児を対象としたものや改変が加えられて、最新の第５版に至っています。

2　ＤＳＭとＩＣＤの精神医学の診断概念

精神疾患の医学的な診断である、アメリカ精神医学会（American Psychiatric Association：ＡＰＡ）が発刊している『精神疾患の診断と統計マニュアル』(Diagnostic and Statistical Manual of Mental Disorders）のＤＳＭ−５（第５版）が２０１３年に公表され、２０２２年にはその改定版がＤＳＭ−５ＴＲ（ＴＲは text revision の略）として出版されています。

もう一つＷＨＯが『疾病及び関連保健問題の国際統計分類』(International Statistical Classification of Diseases and Related Health Problems）を刊行しており、その11版（ＩＣＤ−11）

が２０１９年にＷＨＯの総会で採択されています。

知的障害はＩＱ検査だけでは判断できず、日常の生活活動を他者の力を借りずに主体的に行えるかどうかも判定の要素になっています。軽度なものは就学時には明らかにならないこともあります。このように、知的障害の診断はそれほど容易なものではありません。

知的障害のある人とない人の境界は「知的障害との境界領域」にあり、境界知能と知的障害が重なることもありうるのです（図⑦）。実際にはＩＱが70を超えていても、適応領域の評価（17ページ参照）が低ければ知的障害と診断すべきと考えます。

図⑦　境界知能と知的障害が重なることもある

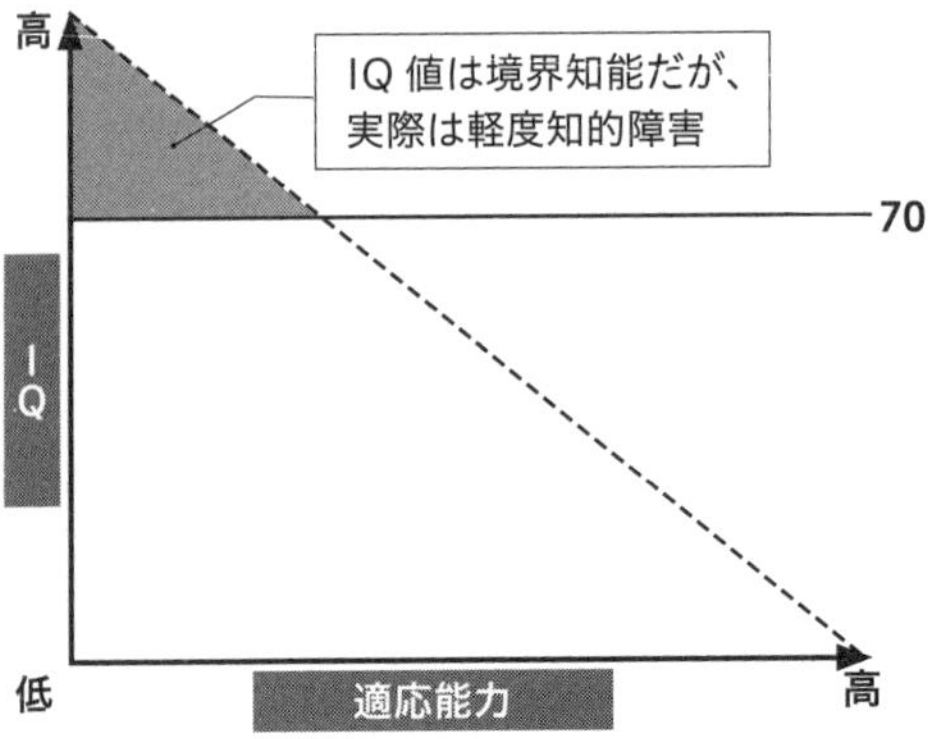

従来の精神科の診断は、基準を満たすか満たさないかの2択で行われてきたために、「境界知能」についてもＩＱという検査の基準だけで判断されてきた経緯があり、境界知能は単独での診断は検討されてきませんでした。

●ＤＳＭ－５

ＤＳＭ－５では“Intellectual Disability”という診断名が用いられていて、日本語では、「知的障害」と訳されています。ちなみに英語のdisabilityもdisorderも「障害」と訳されますが、後者は「症」と訳されるようになりました。前者は、dis + ability の組み合わせで能力が備わっていないという意味ですので、能力障害と訳されています。

日常生活の適応機能は３つの領域、すなわち概念的領域、社会的領域、実用的領域の状態で示すことが指示されています。日常生活・学校・職場など多方面における機能状態の困難さ、支援の必要性を評価した上で判断する必要があります。

わが国における適応行動評価の客観的尺度として最近、日本版 Vineland-II 適応行動尺度が発行されました。対象年齢は０歳から92歳までで、幅広い年齢層における適応行動を明確に得点化でき、コミュニケーション、日常生活スキル、社会性、運動スキルの４つの適応行動領域に分けて評価します。

精神医学の診断には、検査で測定される数値のほかに日常生活に支障が出ている（disorder）という事実が根拠として求められます（表③）。能力が備わっておらず、生活に支障を来していることを診断の要件とすれば、診断の敷居が高くなります。精神医学の考え方では、曖昧な診断を避けるために要件を規定しているともいえますが、診断学的に「境界知能」はあいまいな部分として残されたまま、定義の見直しがされてこなかった、知的能力障害の領域と考えています。

成人期（おおむね20歳以降）におけるＩＱが70以下と、それを超える人の差は、「おつりがいくらか計算できるかどうか」「多少複雑な言葉を理解し使えるか（日本語では基本的な漢字の理解ということになるでしょう）」「スーパーで指示された２、３個のものを買うことができるか」などの差になります。これらのことが理解できれば、小・中学校の授業では何となくパスできる

表③　知的能力障害の診断基準

「知的能力障害群（知的発達症）は、発達期に発症し、概念的、社会的、および実用的な領域における知的能力と適応機能両面の欠陥を含む障害である。以下３つの基準を満たさなければならない。

A）臨床的評価および個別化、標準化された知能検査によって確かめられる、論理的思考、問題解決、計画、抽象的思考、判断、学校での学習、および経験からの学習など、知的機能の欠陥。

B）個人の自立や社会的責任において、発達的および社会文化的な水準を満たすことができなくなるという適応機能の欠如。継続的な支援がなければ、適応上の欠陥は、家庭、学校、職場、および地域など多岐にわたる環境において、コミュニケーション、社会参加、および自立した生活といった複数の日常生活活動における機能を限定する。

C）発症は発達期である。

DSM-5 を著者が訳し簡略化

かもしれません。

しかし、実生活ではもっと複雑な思考を要求されます。「どちらの商品がお買い得なのか」「カレーライスをつくるには、予算内で何を買ったらいいか」「図書館で本を借りるときに、どんな手続きが必要なのか」などの、実生活に適応していく知的能力の３つの領域で、困難さに直面してしまいます。

つまり、生活で必要な能力は、単にＩＱの数値だけでは判断できないのです。また小学校に上がるころでは境界知能かどうかはまだ判断できません。中学生のころに、再度判断することも必要でしょう。

●ＩＣＤ-11

もう一つの診断基準であるＩＣＤ-11の疾患の定義には、それぞれの診断に「正常知能との境界（線引きライン）」（Boundary with Normality〈Threshold〉）という記載があります。正常知能との境界という概念が示されたのは画期的なことと言えるでしょう。

ＩＣＤ－11では、知的障害は、“Disorders of intellectual development”と記載され、知的発達症という日本語の診断名が予定されています。以下の英語のウェブサイトで確認できます。

私なりに線引きラインを訳して、ポイントを列記してみました。

1 知能指数（ＩＱ）は、障害を正常と区別するための孤立した診断要件ではないものの、知的発達症を部分的に特徴づける「知的機能の重大な制限」の代理尺度と見なされる。

2 ＩＱスコアは、個人の発達とライフコースによっても大幅に異なる場合がある。知的発達障害の診断は、ＩＱ スコアのみに基づいて行うべきではなく、適応行動の包括的な評価も含めなければならない。

3 個人の発達の過程で、評価がかなり変化する可能性がある。発達期間中に、子どもが診断要件を一度だけ満たすこともある。

4 機能の信頼できる推定値を確立するには発達していくなかで何度か複数のテストを受ける必要がある。

5 コミュニケーション障害、感覚障害、または運動障害のある人、および行動障害を示す人を評価する際には、知的発達症を正常と区別する上で特別な注意を払う必要がある。

6　移民、識字率の低い人、精神障害のある人、病気の治療を受けている人（薬物療法など）、深刻な社会的または感覚的喪失を経験した人、評価中に適切に対処されない場合。これらの要因は、知的および適応機能の標準化または行動測定で得られたスコアの有効性を低下させる可能性がある。

7　「境界知的機能（Borderline Intellectual Functioning）」と呼ばれることがあるものは、平均より約1～2標準偏差低い知的機能として定義され、診断可能な障害ではない。それにもかかわらず、そのような人は、知的発達症の人々と同様のサポートと介入の多くのニーズを提示する可能性がある。

出典　https://icd.who.int/browse11/l-m/en#/http%3a%2f%2fid.who.int%2ficd%2fentity%2f605267007

ＩＣＤ-11の定義は公表されてまだ日が浅く、日本語訳も出されていません。また、ウェブ上の情報が突然変更される可能性もあります。注目すべきは、**7**にあるように、境界知能を「境界知的機能」と英語で表現していることに加えて、診断名ではないものの、「そのような人は、知的発達症の人々と同様のサポートと介入の多くのニーズを提示する可能性がある」と言及している点です。

表④　知的障害の主な診断基準・評価ツール

テキスト名（最新版）	AAIDD12版（2021）	ICD-11（2019）	DSM-5-TR（2022改定）	ICF（2007）
発行機関	AAIDD	WHO	アメリカ精神医学会	WHO
主な使用目的	診断、サポート	医学診断全体 臨床、研究など 幅広い用途	精神医学診断	機能の制約評価
特　徴	独立した定義、 診断、サポート概念	知的障害を 発達障害の１タイプ と位置付ける	知的障害を 発達障害の１タイプ と位置付ける	すべての人の機能の 評価を目的とする

AAIDD（アメリカ知的・発達障害協会）
：American Association on Intellectual and Developmental Disabilities
ICD（疾病及び関連保健問題の国際統計分類）
：International Statistical Classification of Diseases and Related Health Problems
DSM（精神疾患の診断・統計マニュアル）
：Diagnostic and Statistical Manual of Mental Disorders
ICF（国際生活機能分類）
：International Classification of Functioning, Disability and Health

社会の側がそれに応える義務があるかどうかまでは記載されていませんが、「境界知的機能」の人のサポートや介入のニーズについて、ＷＨＯが初めて言及したことは大きな変化でしょう。

表④に、知的障害の主な診断基準・評価ツールをまとめました。

3 知的障害のＩＱの線引きの変遷

Ｌ・Ｓ・ペンローズは、知的障害児の大規模な調査を行い、何らかの脳疾患、脳障害が関与している場合を「病理群」、それ以外を「生理群（多因子遺伝）」としました。病理群はＩＱ50以下の中等度以上の知的障害が多いのに対し、生理群はＩＱ50以上の軽度の群が多く、その割合もＩＱが高いほど増加しています。

生理群は要因が特定できない知的障害と考えることができますが、軽度知的障害同様、境界知能も要因が特定できないのがほとんどということになるでしょう。軽度知的障害と境界知能は、生活上の困難さだけでなく、要因が特定できないことも類似している一方で、単にＩＱ値での線引きが行われているのです。

１９５９年に出されたヘバー定義ではＩＱ84以下、現在「境界知能」とされている値までを知的障害であると定義されていました。ところが、１９７３年に出されたグロスマン定義で、ＩＱ69以下にまで下げられ、現在に至っています。

同様に、ＷＨＯによる国際疾病分類においては、ＩＣＤ-８（第８版、１９６５年から１９７４年にかけて）では現在でいう境界知能は「境界性精神遅滞」、すなわち知的障害と定義されていたことになりますが、ＩＣＤ-９（第９版）からＩＱ70以下を知的障害とするという定義に変わっています。

引き下げについてどのような議論があったのか明らかではありませんが、それ以降、ＩＱが境界域にある人たちは知的障害ではないと見なされ続けています。福祉モデルも医療診断においても、基準となる値が下がったからといって、当事者の困難さは変わらないはずです。

１９７３年のグロスマン定義において基準とするＩＱを69に引き下げたことで、知的障害の出現率は約16％から２％に大きく減少することになります。そこで、それまで知的障害であると言われてきたのに対象外となった人々をサポートする必要性から、学習障害（ＬＤ）というカテゴリーを使用する流れが生じました。学習障害については、境界知能と異なり診断基準が存在しますが、境界知能領域の人も多いとされます。そのため、境界知能の人を支援につなぐには、学習障害として発達障害の範囲で支援につなぐしか方法がないという状況になりました。

第7章

発達障害との併存

1 発達障害の定義

ここでは発達障害者支援法の定義を用いて発達障害について簡単に説明します。発達障害とは「自閉症、アスペルガー症候群その他の広汎性発達障害、学習障害、注意欠陥多動性障害その他これに類する脳機能の障害であってその症状が通常低年齢において発現するものとして政令で定めるもの」と記載されています。

この定義では、各論（それぞれのタイプ）が先で、総論（概念、いわゆる全体をまとめた定義）が後回しになっています。つまりこの法律でいう発達障害の定義は「脳機能の障害であってその症状が通常低年齢において発現するもの」であり、そのタイプとして、「自閉症、アスペルガー症候群その他の広汎性発達障害、学習障害、注意欠陥多動性障害その他これに類するもの」があるということです。

「脳機能の障害であってその症状が通常低年齢において発現するもの」という解釈に則ると、多少なりとも発達障害の概念やタイプ分けの違いも包括した表現となっています。

2 発達障害のタイプ

それでは、どのようなタイプがあるのでしょうか。医療の分野で使用されているのは、アメリカ精神医学会の診断基準です。２０１３年に出された分類は表⑤のようになっています。

なお、診断の「障害」にあたる部分が「症」に変更される予定ですので、「新病名／旧病名」となっています。また、発達障害も神経発達症と変更されています。

発達障害者支援法は、２００５年に施行されました。その後、医学の分野では診断名が変更されたため、法律の用語とは異なっています。

表⑤　発達障害の分類（訳語は 2014 年）

1	知的能力障害群
2	コミュニケーション症群／コミュニケーション障害群
3	自閉スペクトラム症／自閉症スペクトラム障害
4	注意欠如・多動症／注意欠如・多動性障害
5	限局性学習症／限局性学習障害
6	運動症群／運動障害群
7	チック症群／チック障害群
8	他の神経発達症群／他の神経発達障害群
9	特定不能の神経発達症／特定不能の神経発達障害群

広汎性発達障害が自閉スペクトラム症、注意欠陥多動性障害が注意欠如多動症、学習障害が限局性学習症になっています。

発達障害のタイプやその用語は、時代や分類方法、医学と行政や福祉分野でも相違が生まれます。医学用語の変更があっても「発達障害」や「学習障害」は当面一般的には使われ続けることでしょう。

代表的なASD（36ページ）、ADHD（33ページ）、LD（36ページ）は複数の訳語があり普及しているため、略語表記とします。

それぞれの発達障害の一つだけの要素しか持ち合わせない人よりも、複数の要素を持ち合わせている人の方が多いとされています。同じADHDと診断された人の中でも、ニューロダイバーシティが存在することになります。

ニューロダイバーシティ（Neurodiversity、神経多様性）とは、Neuro（脳・神経）とDiversity（多様性）という2つの言葉が組み合わさって生まれた新しい単語です。さまざまな動植物が存在する自然界を表すバイオダイバーシティ・Biodiversity（生物多様性）を、人の脳に当てはめた単語で、日本語では「多様な脳」や「脳の多様性」と訳されます。

ニューロダイバーシティは、症状のリストから判断していたこれまでの発達障害の概念を見直し、脳は一人ひとり違うもので、脳や神経、それに由来する個人レベルでの様々な特性の違いを多様性と捉えて相互に尊重し、それらの違いを社会の中で活かしていくという、より肯定的で斬新な捉え方といえます。

このことは一度つけられた診断がずっと続くというわけではないと言い換えることもできます。診断名が変わったり、困難さや特性が「診断閾値下」になることもあります。ただしこれは、「発達障害が治った」ということではなく、本人の努力や環境、適切な支援によって特別な配慮や支援を必要としなくなったけれども、その特性は残っていると理解する必要があります。

3 顕在化しにくい発達障害

発達障害の3タイプのうち、ASDとADHDは、学校の中でその特性が目立ちやすく、また一般の人の知識も深まりつつあります。一方で、LDとコミュニケーション症、DCDの3つのタイプは、「顕在化しにくい発達障害」と呼ばれることもあります。コミュニケーション症は、聞き慣れないタイプですが、会話や発語がスムーズにできないもので「吃音」を含んでいます。いずれも、対人トラブルが起こりやすいASDやADHDと違い、目立たないために学校でも少なからず見落とされています。

顕在化しにくい3つのタイプと境界知能が重なった場合は、支援や配慮のニーズが高くなります。つまり、自分も周囲も苦手さの原因に気づかず（指摘されず）、困難さがあっても診断を受けていないことが少なくありません。診断がなければ支援につながらないため、困難な状態が続いてしまいます。

4 知的障害と発達障害

「知的能力障害」「知的発達症」は、一般的には「知的障害」と呼ばれています。精神科では診断の正確さを求めますので、5歳未満には知的障害の基準が適さないのですが、知的障害の程度が重いほど、より低年齢から症状が明らかとなります。

知的障害の人たちを支援するために、旧来から知的障害者福祉法という施策がありました。発達障害者支援法はその法律でカバーできないタイプのうち、ASD、ADHD、LDを主な対象としたものです。しかし定義からは「その他これに類するもの」として、表⑤の2、6～9も含んでいます。ただし、7のチック症については、神経疾患としての考え方が進んでいます。

5 発達障害の疫学（割合）

発達障害の割合に関する調査は、さかんに行われてきましたが、調査方法によって結果にかなりの差があります。これは発達障害の診断基準があいまいであったことに加えて、発達障害のタイプの重なりをどのように評価してカウントするのか、調査によってバラつきがあるためです。

また診断基準の中に「生活の困難さ」という曖昧な項目が含まれているので、担当者の主観や社会環境の影響を少なからず受けやすいこともあります。

ここでは、文部科学省が2022年に報告した「通常の学級に在籍する特別な教育的支援を必要とする児童生徒に関する調査」の結果を説明します。

この報告を受けて、新聞各社は「公立小中学生8・8%に発達障害の可能性」と報道しています。調査はLD、ADHD、ASDの症状をピックアップする質問項目に、担任が答えたものを学校関係者が確認して、その結果をまとめたものです。表⑥にその結果をまとめました。

報告では、全国の小中学生で、発達障害の3タイプの中のいずれかに該当する可能性がある子どもは8・8%とされています。これは専門家に「診断された」ということではなく、質問紙調査の結果から推測される数字です。

学年が上がるごとにその割合は減少していますが、これは「割合が減った＝発達障害が治った」のではなく、高学年になるにつれて「特別な教育的支援を必要としなくなった子が増えた」ということを意味しています。そもそも対象の子どもが、必ずしも発達障害かどうか診断されているわけではありません。この調査は文部科学省の調査ですので、発達障害の可能性のある子どもの割合を推測するのは不十分で、調査法にも限界があります。

ただしこの調査は、「教育的な支援を必要とする」子どもたちがクラスにどのくらいいるのか、教育的視点からの評価として参考になるデータだと思います。診断の有無にかかわらず「教育的

表⑥　通常の学級に在籍する特別な教育的支援を必要とする児童生徒に関する調査

	学習面または行動面で著しい困難を示す	学習面で著しい困難を示す	不注意または多動性 - 衝動性の問題を著しく示す	対人関係やこだわり等の問題を著しく示す
小学校全体	**10.4%**	**7.8%**	**4.7%**	**2.0%**
1年生	12.0%	9.1%	5.6%	2.0%
2年生	12.4%	9.0%	5.8%	2.4%
3年生	11.0%	8.2%	5.1%	2.1%
4年生	9.8%	7.3%	4.5%	1.5%
5年生	8.6%	6.8%	3.7%	1.9%
6年生	8.9%	6.4%	3.8%	1.9%
中学校全体	**5.6%**	**3.7%**	**2.6%**	**1.1%**
1年生	6.2%	4.1%	3.0%	1.3%
2年生	6.3%	4.1%	3.3%	1.2%
3年生	4.2%	2.9%	1.6%	0.8%

出典　「通常学級に在籍する特別な支援を必要とする子どもたちの現状～文部科学省の調査から」
（教職員の働き方改革 児童・生徒の個別最適な学びをサポート）

支援が必要な子ども」が8・8%も存在すること、10年前の調査から増えている現状は、支援の緊急性を思い知らされます。

6 発達障害の人のIQ

医学的な発達障害の分類の考え方として、次の3つがあります。①発達の全体にわたり影響が出るもの＝知的障害、②発達の広範な部分に影響が出ているもの＝広汎性発達障害（ASD）、③発達の部分的・特異的領域に影響が出ているもの＝学習障害（LD）、コミュニケーション症、DCDなど顕在化しにくい発達障害、などです。

ASDでは20%程度知的障害を合併するという報告もあります。ASDのアスペルガー症候群の中で、IQが非常に高い人であるギフテッド（天才）という存在が注目されています。しかし高IQの人は一般の人でも1～2%存在するとされています。高IQの人は、周囲から見ると、変わった人と映りやすく、ASDの診断基準を満たしていると周囲が思っているだけかもしれません。

一方で、ASDの人の20%が知的障害を合併するという事実からは、境界知能の人の割合は一般よりも高いということが推測されます。ASDの人が、知的に低いタイプと高いタイプに二分割されるということではなく、スペクトラム（連続体）の概念からすれば、一般人口よりも境界知能の割合が高いと考えるのが妥当でしょう。

顕在化しにくい発達障害では、知的障害の合併はないと考えてよいでしょう。知的障害児の困難さは、遅くとも就学時には明らかとなるからです。しかしADHD児を対象としたIQの調査では、平均よりも7～10低いという報告もあります。こちらもスペクトラムと考えれば、境界知能の併存はより高いということになります。

7 境界知能と発達障害の併存

境界知能の人が一般の人口の14％いるとすれば、単純に考えると発達障害の人も14％は境界知能ということになります。一般を対象としたIQの分布は、およそ100を平均値として正規分布しています。ところが「発達障害」のグループでIQの分布を調べて見ると、おそらく平均値が90～100の間になろうかと私は推測しています。

図⑧に、ASDの人、ASD以外の発達障害の人のIQの分布を示しました。

ASDでは知的障害を伴うことは20％程度ありますが、ADHDやLD、DCDなどは知的障害を伴わないという考えをもとに2つに分けました。知的障害の人は、少なからずそれぞれの特徴も持ち合わせていますが、その症状は知的障害に伴っているだろうと考えられるからです。

すなわち、学習の困難さや運動のぎこちなさは知的障害の一部の症状という理解になるので

図⑧　ASCの人、ASD以外の発達障害の人のIQ分布

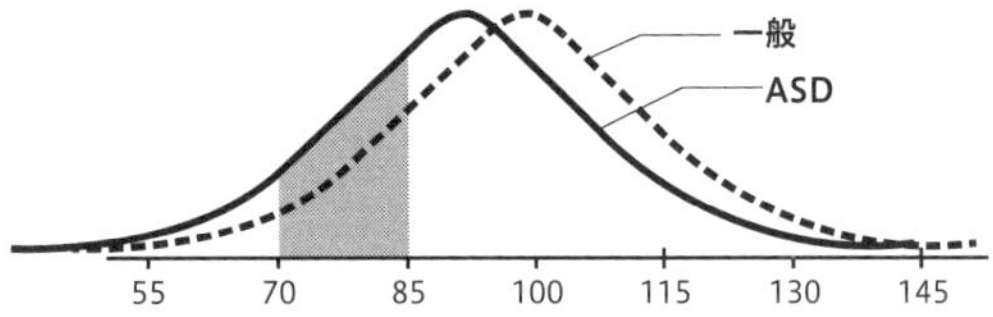

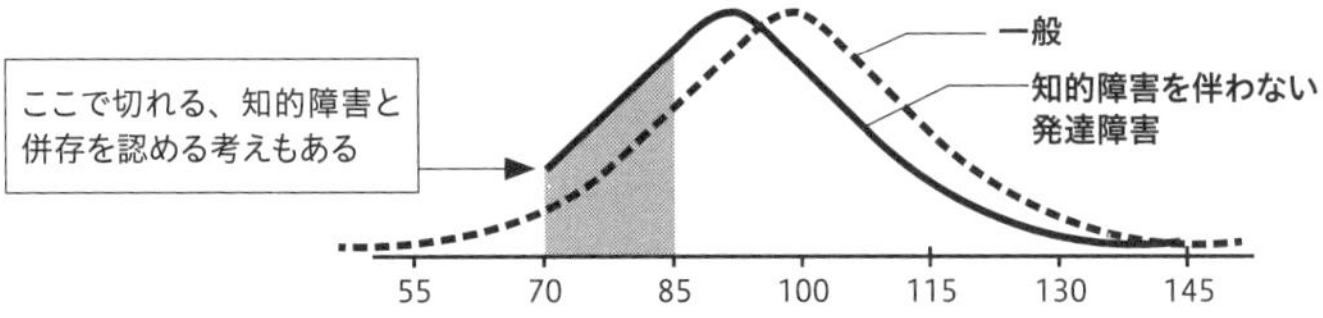

す。ただし軽度知的障害であれば、合併してよいという考え方もあります。ＩＱ70で線引きを行うと、境界知能の人の割合は、明らかに一般よりも多いと考えることができます。

以前の精神医学の考え方は、より目立つ症状（診断では重度）の治療や対応を優先することになっていました。つまり知的障害が明らかであれば、ＡＳＤやＡＤＨＤの症状が見られても知的障害の対応を優先するという方針です。

しかし、最近は、他の症状と重なりが多いほど、対応も複雑で個々にその方法も異なるという考えに変わっています。

一方で、教育の領域では境界知能であっても発達障害のボーダーであれば、どちらも支援の対象から外れることになります（図⑨）。特別支援教育では「得意な分野で苦手な分野をカバーする」ことが重要視されていますが、境界知能の人は、得意な分野が正常とい

図⑨　境界知能で発達障害もグレーゾーンであればどちらも支援の対象から外れる

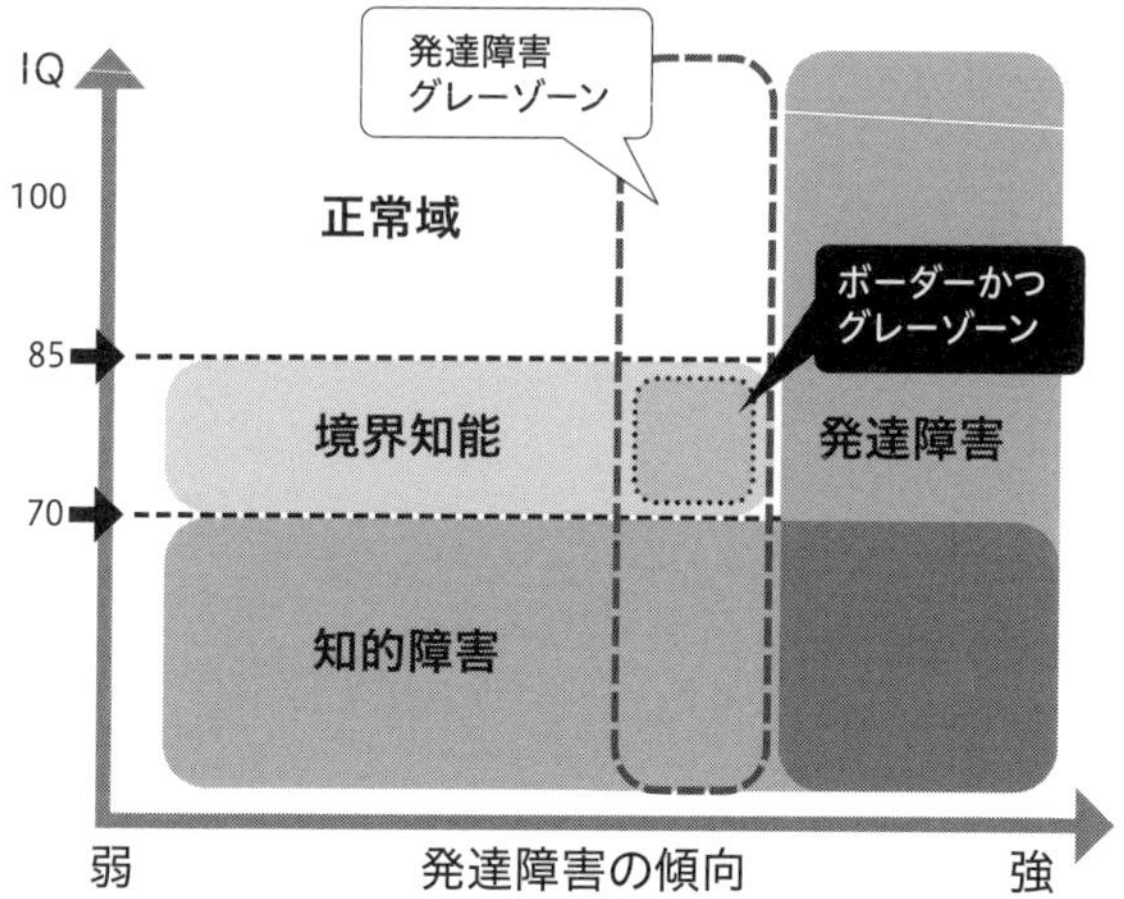

宮口幸治「発達障害医学の進歩 34」（2023）より改編

われる範囲であるのに対して、苦手な分野は軽度知的障害のレベルであることが多いのです。この考え方では苦手な分野はカバーできずに年齢を重ねていきます。苦手な分野の底上げが必要なのです。

境界知能に発達障害の特性が併存すると、こだわりや不注意、不器用さなども併せ持つことになり、思春期以降、学業や就労で困難さが目立つことから、何らかの支援を検討する時期に来ています。

発達障害を人口の10％（2022年文部科学省で、調査されていないコミュニケーション症とDCDの2タイプを加えて概算）とします。発達障害の人にIQを調査して分析をしないと発達障害で境界知能の人の割合はわかりませんが、私の診察経験では3割程度です。少なくとも14％を超えることは間違いないでしょう。

図⑩　発達障害の人の二次合併症

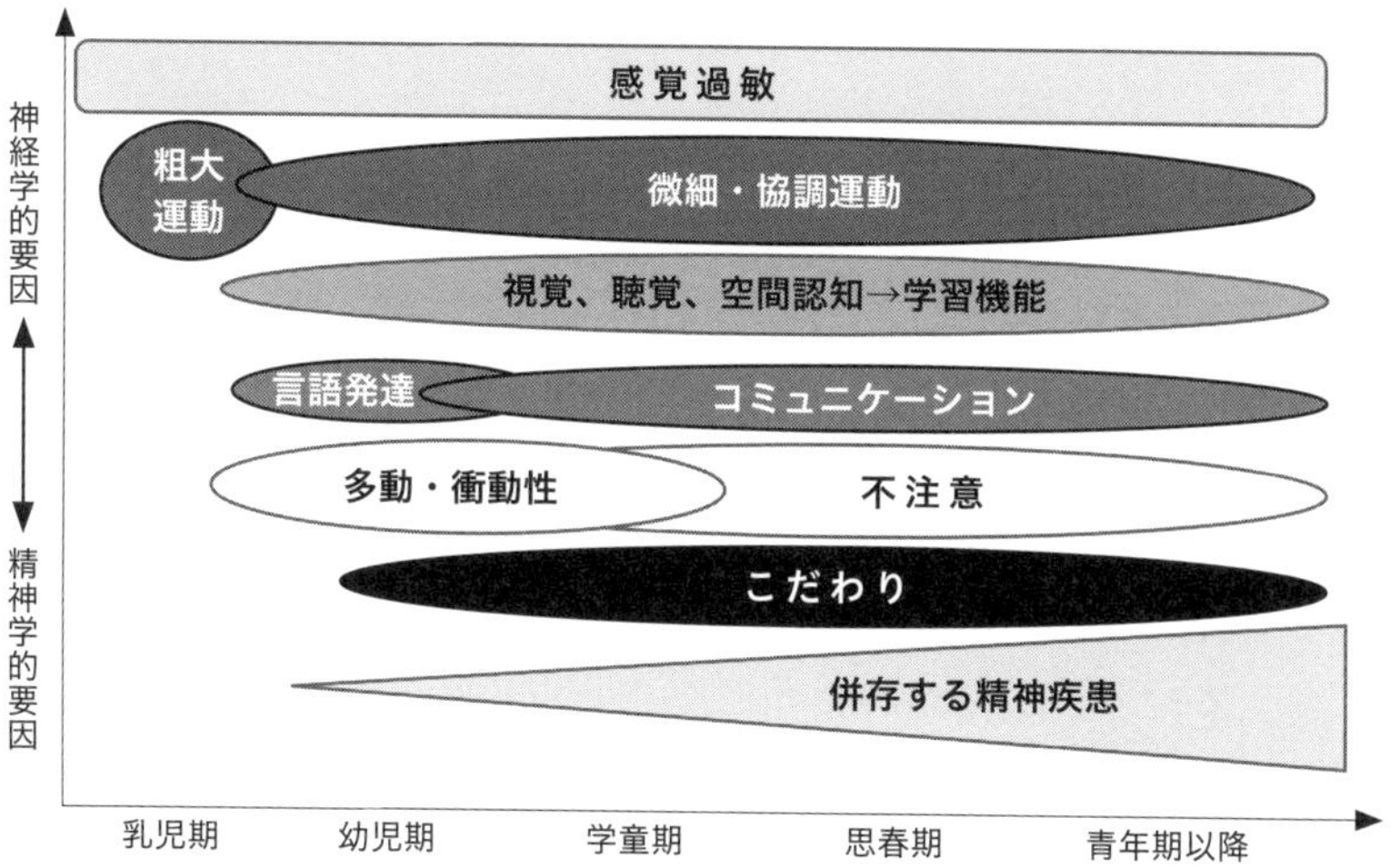

知的障害は、ＩＱのみで判断するのではなく、適応状態つまり社会的・実用的療育を合わせて判断します。発達障害の人は、周囲の環境が整っていなければ、ＩＱが正常域であっても適応状態がよくないことも少なからずあります。

発達障害の人で、ＩＱが境界領域で適応状態がよくなければ、知的障害の診断の可能性を検討すべきですし、診断はなくても、より手厚い支援の対象とすべきだと考えられます。

8　二次合併症の多さ

発達障害の人が生活上で困難を感じる理由には、発達障害そのものの特性だけでなく、二次的に発生するものがあります（図⑩）。たとえば大人に叱られることが多い、友だちから仲間外れにされる、いじめの被害に合う、騙される・利用されやすい、嫌な思い出を振り払えない、などです。

特に注意しなければいけないのは、トラウマ体験の多さです。発達障害の人には独特の感性や認知特性があり、日常生活で不快な体験を来しやすいこともあります。この特性と関連して、周囲が本人の不快な体験や、それらに起因した行動が理解できないと、叱責したり、指示に従うように強く求めたりすることで、本人のトラウマ体験となって、それが解決しないまま思春期や青年期を迎えると自己肯定感はかなり下がります。そうすると、対人関係の構築が難しくなったり、感情調節ができなかったりするなどの、二次障害を生じます。

9 発達障害の可能性も考える

発達障害は特別支援の対象ですが、境界知能は対象になっていません。境界知能に対して配慮や支援がないと、日常生活の困難さは持続します。

境界知能で発達障害と診断されていないケースでも、LDやDCD、コミュニケーション症など、発達障害の診断を検討することもあります。

たとえば、DCDと境界知能を合併していると、就労したときに体を動かす業務も、事務的な業務も適性に乏しいと判断され、困難さに直面します。このようにDCDを見落としてしまう可能性もあるのです。

10 MBDという概念

1960年ころ、微細脳機能不全（MBD：minimal brain dysfunction）という概念が医学で取り上げられたことがあります。その概念は「知能がほぼ正常か正常以上の子どもで、さまざまな程度の学習あるいは行動上の問題を有している」人のことを示すものです。

これは精神医学よりも神経医学の観点から興味が持たれて「中枢神経系の機能障害に由来するもの」と考えられていました。そうすると、個々に見られる機能障害は、学習機能、言語機能、記憶、注意力・衝動あるいは運動機能のコントロールなどの、単独あるいはいくつかの組み合わせで出現するものということになります。この概念は、発達障害の特徴と重なるものです。

しかしＭＢＤという言葉が、当事者や支援者にはネガティブな印象を与えること、そして研究者も原因を突き止めることも、対処法の開発も難しいことから、現在は、精神医学の観点からＡＤＨＤ、ＬＤ、ＤＣＤの概念に置き換わっていきました。それまで症例報告などに興味が持たれてきたのは、知的に優れているが「書字が苦手」「不注意である」「不器用さが目立つ」などで、「知能がほぼ正常」というあいまいな定義ながら、境界知能の人は興味関心の対象外でした。

脳機能に何らかの不具合があり、それが先天的か生後早期の要因であれば、発達に伴い、さまざまな影響が出てくる可能性があるのです。極限すれば、軽度知的障害も「原因がわからない」

という点からは、ＭＢＤの概念と重なるのではないかと考えています。研究者からも「境界知能」は見落とされてきたのではないでしょうか。

保護者から寄せられた質問

悩み、基礎知識

Q1 当事者の方はどんなことに悩んでいますか?

A 私は、発達障害、不安、抑うつなどの診察を行っています。投薬治療や心理的アプローチ、いろいろなアドバイスで改善する人がいる一方で、なかなかよい方向にいかない人もいます。その中に境界知能の人が多いと感じています。

境界知能の人は、他者よりできないことや失敗したことを「自分の責任、努力不足」と思いがちです。また、その場を切り抜けるために、できるだけ目立たないようにしています。一方で、配慮されると、「自分は普通だ」という思いから、プライドを傷つけられることを避けて支援を拒否する人もいます。普遍的には、人よりできないこと、苦手なことが多いと気づいていて、それを自分で解決できないことや助けを求められないことに悩んでいるのではないでしょうか。

境界知能は医学診断名ではないため、境界知能そのもので医療相談を受けることはありません。当事者のほとんどは、自身が境界知能ということを知らないまま、別の悩み(多くは精神疾患などの二次障害など)で医療機関や心理機関、福祉機関を受診したり相談しているのが現状です。医療機関を受診している人の中にも境界知能と思われる人が多いと考えています。おそらく、受診していない人も、本人もしくは家族で同じような悩みを抱えていると思います。

Q2 家族が抱える悩み・不安は何ですか？

A 家族も同様に、境界知能がどのようなものなのかがわからないケースがほとんどだと思います。そうすると、思わず「何歳なのにこんなこともできない」「進学できるのだろうか？」「大人になったらどうなるのだろうか？」「いつまでも親が面倒を見なければいけないの？」などという悩みや不安をかかえています。

本人は家族に心配をかけないように「大丈夫」と答えてしまいがちで、苦手なことを隠してしまうのですが、家族から見ると、本人の認識が現状とかけ離れていることも、不安になる要因と言えるでしょう。

境界知能について相談できる機関がないこと、相談窓口で話をしても、理解してもらえなかったり、励まされるだけで、かえって不安になることもあるかもしれません。

Q3 他者とのコミュニケーションの難しさはありますか？

A 境界知能はIQの評価全体の数値が70～84に当てはまる人が対象ですが、それを構成する領域の得点によりさまざまなパターンがあります。言語やコミュニケーション能力はほぼ正常域であっても、処理速度やワーキングメモリー（記憶、情報処理する能力）が極端に低い人もいますし、逆に言語理解が乏しいパターンもあります。このような人はコミュニケーションの難しさがあるといえます。しかし前者の場合、コミュニケーションの難しさはさほど目立たないため、処理速度やワーキングメモリーが低い人の方が、周囲の人からは理解しにくく、本人の努力不足とされ、苦労されているのではないでしょうか。

また、コミュニケーションを取る過程で、自身の苦手さやできなさが露呈することを恐れて、「はい」「大丈夫です」「気をつけます」など、単純な会話で済ませてしまうことがあります。これらは、境界知能の人がその場を切り抜けるために身に着けたスキルなのかもしれませんが、周囲とのコミュニケーションが成立しない原因にもなっています。

Q4 仕事、日常生活での適性を知りたいです。

A 一般に軽度知的障害の人と同じような困難さがあるため、それと本人の希望や特性をふまえて仕事の適性を考えてみましょう。事務処理作業は、情報処理や手順がわからず、教えられても理解しにくいため、合わないかもしれません。軽作業は慣れればそれほど苦労はないかもしれません。中には手先が不器用だったり、力仕事が苦手な人もいるかと思います。その場合は、職場の作業の中で、たとえば調理の補助や、清掃の仕事など自分ができそうなものを相談してください。

日常生活の適応も個々に異なります。得意なものと苦手なものを考えて、あえて苦手なことはできるだけ避ける方がよいでしょう。また、発達障害や精神疾患の併存があれば、職業の適性も変わりますので、医療機関や支援機関で相談してください。

Q5 境界知能とディスレクシアの違いは何ですか？　また学習障害とは違うのでしょうか。

A 境界知能は、ＩＱが70〜84の人のことです。ディスレクシアは学習障害の1タイプで読み書きに限定した困難さがあります。境界知能の人も読み書きに困難さをかかえることはありますが、それが目立たない人もいます。さらに、境界知能の人は個々にさまざまな困難さをかかえています。ディスレクシアの人の中にも境界知能の人がいます。ただし、検査において読み書きの苦手さから過小評価となることは気をつけなければいけませんが、知覚処理、処理速度は平均レベルのことが多いと思います。

発達障害はいろいろなタイプがありますが、学習障害はその一つのタイプです。境界知能は知的障害の診断には至らないもののＩＱが平均値よりも低いということになります。発達障害と診断はできないがその特性があるものを一般にはグレーゾーン（専門的には診断閾値下）と呼びます。学習障害のグレーゾーンは学習の困難さはあるものの、学習障害と診断はできないということになります。

学習障害は知的な遅れはありませんが、「聞く」「話す」「読む」「書く」など基礎的な能力に困難があります。しばしばADHDやDCD（発達性協調運動障害）などの他の発達障害を併発します。地域の療育センターでWISCの検査だけしか受けていないのであれば、医療機関で発達障害の可能性について、診察を受けてみてはいかがでしょうか？

Q6 「境界知能かもしれない」と思ったら、どこに相談したらいいのでしょうか？

A 境界知能はIQの数値と問診によって判断されます。日常生活や仕事の困難さはIQだけでは評価できないこともあります。どうして境界知能かもしれないと思ったのかをまず相談してください。

境界知能は、知能検査の結果により判断することになります。ですから、知能検査を受けることのできる機関、もしくはそこを紹介できる機関で相談することになります。教育機関、医療機関、福祉機関それぞれで知能検査を行っています。

ただし、家族や本人の申告だけでは、IQ検査を受けられないかもしれません。学校で教師や、職場で管理職からIQ検査の必要性を申し添えてもらえば、スムーズに検査の予約ができるでしょう。教師がさほど検査の必要性がないと感じているのであれば、知能検査を受けたい（境界知能と思う）理由を、説明してみてください。

判別方法・チェックリスト、検査

Q7 父を見ていると境界知能かと思うような症状があります。素人でもおおまかに判断できるチェックリストはありますか？

A 知能検査は、必要なスキルを習得した専門職が行うもので、素人ができるものではありません。また、知能検査の内容をあらかじめ学習すると、評価が実態を反映しない可能性がありますので、チェックリストは存在しません。

12ページでも解説しましたが、「言語理解」「知覚推理」「ワーキングメモリー（複数の情報を記憶して処理すること）」「処理速度」のどの領域が特に苦手なのかをふまえて、どのような症状があり境界知能と思うのかを、心理・医療機関で相談してください。

また、認知症（年齢にもよりますが）や他の精神、神経疾患でも知能が下がることもありますので、そのような場合は、鑑別診断のできる医療機関で相談された方がよいでしょう。

Q8 心理検査を受けました。総合評価は98程度。各作業評価は72～88程度という結果でした。どう捉えたらいいのでしょうか?

A どんな検査を受けたのか、そしてそれぞれの評価がどうなのかがわからないので、詳しいことはわかりません。WISC の検査では、FSIQ の合成得点は、5つの主要指標の合成得点の点数を単純に合計して平均したものではなく、各下位検査の評価点を合計した評価点を使って FSIQ 独自の合成得点が算出されます。

また、合成得点は5つの主要指標も FSIQ も平均が１００、標準偏差が15となるようにつくられていますので、5つの主要指標の得点すべてよりも FSIQ が低いということは、ありえるかもしれません。しかし、これほど極端な差は考えにくいです。可能なら、直接検査担当者に、評価の方法と捉え方を確認してください。

Q9 学校で検査を勧められ、その結果「知的障害ではないですが、学習面の遅れがあります」と言われました。通級指導教室や特別支援学校の対象からは外れてしまうのでしょうか?

A 学校からの説明が正確ではないようです。おそらく検査はＩＱを測定しただけで、ＩＱが70以上あったということなのでしょう。学習面の遅れがあるならば、学習障害の可能性もあります。学習障害なら、通級指導教室の対象になり、通常のクラスでも支援を申請できます。

学習障害ではない場合も、「境界知能によって学習面の遅れがある」ことを学校は把握しているので、どのように対応することができるのかを相談しましょう。30人のクラスに4から5人程度いることになる境界知能の子どもを対象とした支援は、残念ながら行われていません。家庭や塾などで学習指導を行っているのが現状です。

本人にどのように伝える?

Q10 8歳の子どもに軽度知的障害があります。将来のことなど、いつどう伝えたらよいのでしょう。

A 本人にどのように告知するのか、推奨する年齢はなく、個々に判断することになります。8歳で軽度知的障害であれば、知的には4~5歳程度だと推測されますので、当面は伝えても本人も理解できないと思います。現在は支援学級に在籍されていますか? 在籍クラスの担任とも情報を共有して、本人が何らかの疑問を持ったときに、少しずつ話をしてもよいかもしれません。中学に進級するとき、できるだけ情報を整理して伝えるようにするとよいでしょう。また、中学を卒業した後の進路を決めるときには、本人の意思確認や進学予定の学校の面接もありますので、内容を整理して伝えましょう。

8歳であれば、その後の経過で変化があるかもしれませんが、高校で支援学校に進学することになれば、在籍中に就労についての実習があること、学校と相談して就職の進路を探すことなども伝える必要があります。

Q11 発達障害の診断なら本人に伝えるつもりでしたが、境界知能との結果でした。適切な支援が受けられないなら……と告知すべきか迷っています。

A 確かに境界知能だけでは支援の対象になりません。ただし、IQが70を多少上回る程度であれば、適応状態がよくなければ知的障害と診断されることもあります。地域によっては一律にIQの数値で振り分ける地域もありますが、それは正しい対応ではありません。もう一度知的障害ではないかどうか問い合わせる必要もあるでしょう。

境界知能の子どもは、学校や社会で人と比べてできないことが多いことに気づいており、自己肯定感が保てないことが少なくありません。その意味でも、人と比べて苦手なことが多いのは、単に自分の努力不足ではなく境界知能が関係しているのかもしれないと話すのはよいと思われます。

進学・進路の決め方

Q12 小学1年のときから読み書き・計算が苦手で通級に通っていました。WISC－Ⅳを数回受け、バラツキがあるものの、IQ80前後のグレーゾーンでした。LD（学習障害）の特徴があるのでは？ と思っています。中学3年です。最適な支援、高校等の進路へのアドバイスをください。

A 高校の進路を選択する場合、中学とも相談して、できるだけ本人の負担の少ない学校を選びましょう。公立の特別支援学校や支援学級は行くことができませんが、私立の学校では中学までの授業で習得できないことを教えてくれ、また就職の斡旋にも力を入れている学校もありますので娘さんに合いそうな学校の情報を集めて検討してください。

家庭での支援は、小さなことでもよいので、本人に達成感を持たせることがポイントです。学校では「何をやってもうまくいかない」「先生も面倒を見てくれなかった」というネガティブな体験を積み重ねていることが多いです。本人を批判したり強く指導しても逆効果です。中学3年でIQが80程度であれば、小学校高学年の子ども程度の生活年齢です。それをふまえて、手伝いをした、自分で準備することができたなど、小さな目標でも達成感を持たせるようにしてください。

Q13 **発達障害の診断がついている中学1年女子がいます。中学から支援級になりました。今後高校に進学するか、それとも障害枠で就職するか迷っています。**

A 中学の支援級からは、通常就職の斡旋は行わず、高校進学の進路指導を行います。障害者雇用枠の就労では、高校卒業以降の年齢を想定しているからです。

発達障害といってもさまざまなタイプがあります（95ページ参照）。また知的障害を伴う場合、知的障害は伴わないけれども知能は境界知能である場合、IQは正常範囲以上の場合、それぞれで進路の探し方も異なります。IQが境界領域もしくは知的障害の合併があれば、高校は支援学校を選択するとよいでしょう。障害枠での就職の斡旋もあります。IQが正常以上であれば、発達障害について理解のある学校、「合理的配慮」の得られやすい学校も考えてください。

Q14 **17歳の息子はIQ85で自閉症ですが、就労に向けての進路に選択肢が見つかりません。私が住んでいる地域で進路の選択肢で支援が受けられそうなのは、精神障害、知的障害、発達障害（グレーゾーン）に限定されているようです。**

A 発達障害（グレーゾーン）の意味がわかりにくいのですが、グレーゾーン（発達障害とは診断されないがその特性がある）の人も含めて、発達障害に対する支援があるなら、発達障害の支援を受ける選択になると思います。

自閉症の人は年齢によって統合失調症、うつ病、強迫性障害、不安障害など精神疾患を合併する可能性があります。その合併症の診断が出るのであれば、精神障害をふまえた就労に向けての進路でもよいでしょう。いずれにしても医療機関で診断や相談実績が求められますので、特段のことがなくても半年から1年に1回くらい診察を継続することをお勧めします。

発達障害の生徒を多く受け入れている高校に進学すると、在籍中に就労に向けての進路を学校と相談しながら探すことができます。IQ85はなかなか判断が難しい数値です。普通高に行き、進学を目指すという選択肢もあります。そこで就職の困難さが明らかになれば、自閉症という診断をもとに、学校ではなく地域の発達障害者支援センターに相談して就労訓練と就労先を探すことになります。

学校・生活での場面で

Q15 小学校に入学して初めて学校の勉強についていけないことがわかりました。支援級も3学期からで通級も地域にありません。学習を支援してくれる場所もないので、不安です。

A 就学前の健診で発達障害や知的障害の診断があると、地域で療育を受けることができますが、ほとんど就学前に限られています。就学以降に気づいた場合は、教育機関で相談することになります。通級が地域にないということですが、支援級と通常級在籍の二択ということでしょうか？　支援級も3学期からということですが、すでに支援級の在籍を勧められているのでしょうか？　そうであれば、知的障害もしくは学習障害などの発達障害の可能性があると学校が考えているということになります。学校ではどのように考えて支援級を勧めているのか確認してください。

ただし、学校の勉強についていけないのが、発達障害や知的障害以外の要因もありますので、一度医療や心理機関で相談されてもよいかと思います。

また、地域で療育や学習を支援する所はないということですが、たとえば学校を退職した教師の資格のある人が個人的に学習塾などで、学習指導を行っているところもあります。地域での情報をSNSなどで調べて見ることをお勧めします。

Q16 息子は発達遅滞と診断を受けています。IQは78で、日常生活には困ることはないのですが、授業で複数の課題が出たときに戸惑うようです。ワーキングメモリーも低いようで複雑な作業はやる気をなくしてしまいます。どのような支援が必要ですか？

A 「発達遅滞」という診断ですが、IQの数値からは境界知能にあたります。発達障害と診断され、何らかの支援を受けられているのでしょうか？

複数のことを同時にこなすのが苦手な場合、一個一個、単純明快に声をかけてください。たとえば、「机の右側の箱を取ってこのボールをしまって」という指示を、「机の右側の箱を取る」箱を取ったら「箱の中にボールを入れる」と分けて指示すると伝わりやすくなります。

日常生活には困ることが少なくても、境界知能の人は非日常事態が発生したときに判断ができないことがしばしばあります。たとえば電車が止まった場合どうすればよいのか？　異なる2つの情報がある場合、次にどのようなことをすればよいのか？　自分に不利益な条件を出されているがどのように交渉すればよいのか？　などです。非日常事態に遭遇して戸惑っているようであれば、できるだけ話を聞いてアドバイスをしてみてください。

Q17 境界知能の子どもにはどのような支援をしていけばいいのでしょうか？

A 教育関係者の方へ

1クラスに4から5人程度（約14％）、境界知能の子が在籍していると考えてください。ほかの子どもたちと同じように教えても、習得することが難しいのです。授業がわからないことを、本人の努力不足と安易に判断せず、また、わからないところについて家庭での追加学習を求めるだけでなく、学校でどんな対応ができるかを、学校関係者で話し合ってください。習熟度別のクラスをつくる、余裕があれば通級を利用する、課題ができ上がっていなくてもやれたところまでを評価するなどの方法があるでしょう。

A 心理関係者の方へ

境界知能だけで、スクールカウンセラーや心理相談を受けることは少ないと思います。学校の授業についていけず不登校状態になったり、いじめの被害で心理相談に来る子どもたちの中には、境界知能が存在することを強く意識してください。その可能性が考えられれば、ＩＱを検査してみてください。境界知能だった場合、自己肯定感を育むことが特に重要です。また、教師にも境界知能の特性を心理の立場から説明し、過小評価されやすいこと、いじめの被害に合いやすいこと、自己肯定感が低いことを伝え、情報を共有することです。

A 医療関係者の方へ

ＩＱ検査で境界知能と診断された場合、それだけでは支援対象になりませんが、適応状態がよくなければあらためて知的障害に該当しないか検討してください。また、発達障害、愛着障害、うつ病などの合併症がないか確認してください。それぞれの可能性があれば、それをもとに、公的支援の申請を検討します。医療機関に相談に訪れた保護者は、具体的な支援を求めています。薬物治療や精神療法の対象でないとしても、何らかの診断をすることで、合理的配慮が得られる、支援につながることがあります。

Q18 ＩＱ70と診断された高2の男子の親です。本人は今まで頑張ってきたのですが、努力と裏腹に成功体験が少なく自己肯定感が下がりひきこもりになっています。小さなことでも構わないのですが、成功体験を積み上げさせるコツが知りたいです。

A ＩＱ70は、知的障害と境界知能の境界域です。普通高に通っているのであれば、同級生との差がついたり、先生も細かく面倒を見る時間がないので、努力しても成功体験につながりにくく、中退するケースもあります。高校2年ですので、学業不振で中退となることはできるだけ避けたいですね。学校に、知的障害の可能性があるので、どのような配慮が受けられるのか相談してください。

特別支援学校であれば、学校の先生と相談して、本人のペースに合った無理のない目標設定を考えてください。支援学校の先生でも、「本人が少し頑張れば、よりよい就職先が見つかる」と励ましたりすることも珍しくありません。このことも本人の成功体験につながりにくい要因です。なお、支援学校の中ではお子さんは「優秀な子」の部類に入るかもしれません。学校の先生の期待値が高いと、同級生の模範となる行動を求められることがあり、かえってそれが本人の負担になることもあります。

学校の先生の指導は目標を高めに設定して、それを目指すことが多いのですが、本人にとっては「頑張っても、達成感が乏しく、達成してもすぐに目標を上げられてしまう」と受け取ります。目標設定は簡単なものにして、必ず成功体験が持てるようにしましょう。スモールステップで目標を決めていくこと、一度成功したらすぐに目標を上げるのではなく、成功体験の繰り返しを経験し、自ら目標設定ができるようになればよいでしょう。

高校2年生でIQが70であれば、生活年齢は、小学校高学年レベルと推定されます。この年齢で目標とすること、たとえば「自分で時間割を確認して準備をした」「一人で電車に乗って買い物に出かけることができた」など、この年齢で得られる成功体験を重ねるとよいでしょう。

ＩＱの変化、捉え方

Q19 数値を上げる方法があったら教えてください。

A ＩＱの検査は、通常学校で行う試験と異なり、できなかったところを復習して習得することを目指すものではありません。ＩＱ検査の問題を先に学習すると、ＩＱが高くなるので、予習をすると現状に合わない評価になって検査の意味がなくなってしまいます。無理に数値を上げる（模擬問題を練習する、短期間で繰り返すなど）と、実際は困り感があるのに、支援が受けにくくなります。

ＩＱは変えるものではなく、これから必要な支援を検討するための材料の一つと理解してください。ただし、知的障害の診断が発達期につくとは限りません。以前、発達期に知能テスト・発達テストを行っていたとしても、数値だけで解釈することは注意しなければいけません。たとえば、10歳でＩＱ80と評価されていても、成人期に別の尺度で評価し70を下回る可能性もあります。

Q20 各IQが低いと生活、仕事をする上で具体的にはどんなことに困るのでしょうか。また その困りごとの解決方法も知りたいです。

A IQの数値の程度、知能検査の各領域の得点で異なってきます。境界知能の場合、決まった仕事を繰り返すのであればさほど問題はないかもしれませんが、臨機応変な対応が必要な職場では、予想しない質問をされると混乱することがあります。また接客業などで、複数の人数の注文と給仕の順番などは、繰り返しても覚えることが困難です。仕事の手順を変える、予定の変更に対応する、優先順位をつけて仕事を行う、このようなことも難しいでしょう。

境界知能の場合は、職場で丁寧なサポートを受けることが難しいため、仕事の評価が低くなりがちです。職場では収益を上げなければいけないため、致し方ない点もありますが、境界知能の人が職場でどのような困難さに直面しているのか、それを社会でどのように受け止めてサポートしていくのかはこれからの課題になるでしょう。

Q21 二次障害で精神疾患になっています。精神疾患が治ったり、認知機能訓練をすればIQが向上しますか？

A IQは治療効果の指標に使うものではありません。そのときの知的機能を評価し、支援が必要かどうかの参考にするものです。しかし、精神疾患が認知機能に影響を及ぼしている場合、治療や認知機能の変化によりＩＱ値が上がったり、下がったりすることもあります。大人の場合、加齢に伴い、ＩＱは少しずつ低下していきます。これは脳の老化現象ですから、たとえば認知症になるとＩＱは低下していきます。

Q22 宮口幸治先生も境界知能の問題に注目し、支援としてコグトレの有効性を提唱しています。先生はどのようにお感じでしょうか。

A コグトレは小児用に開発されたものですので、大人に用いることができるかどうかわかりません。コグトレは、一部ＩＱ検査のエッセンスを取り入れていますので、決まった概念的な領域の知的機能は向上することが期待されます。そのことで有効性を提唱されていると思います。さらに、学校での授業がわかりやすくなることで、自己肯定感が保たれ、意欲も向上するという二次的な効果もあると思います。

しかしながら、知的機能は学習で習得するものだけではなく、社会的、実用的な内容も含めて判断します。コグトレなどの学習で、決まったパターンは習得できても、社会生活の場で応用することができるかどうかはわかりません。臨機応変に判断する力や、非日常事態への対応力がコグトレや、そのほかの教育的なかかわりで向上するかどうかは、まだ検証の過程にあると考えています。

Q23 境界知能の子どもの進路、就職はどんな選択肢がありますか?

A 残念ながら、境界知能は支援対象となっていないため、進路、就職で支援を受けることはできません。しかし日常生活や仕事上の困難さは、軽度知的障害の人の困難さと類似しており、軽度知的障害の人と同じような配慮があることが望ましいと考えています。

高校を選択するときは、無理して合格の可能性のある普通高校を選ぶと、勉強についていけず退学することも少なくないようです。それよりは、ゆとりのあるカリキュラムの学校、支援の手厚い学校やチャレンジ校などを選んだ方が、本人の精神面を考慮した際に適切な選択肢だといえるでしょう。

就労については、十分な支援が受けられないと厳しい現実もあります。就労するときに、何らかの配慮が行われているのかどうか情報を確かめてみましょう。一般的な傾向ですが、障害者就労を多く受け入れている企業の方が、ボーダーの人たちへの配慮もあるようです。

Q24 本人に就労意思がない場合、親として何かできることはありますか?

A 本人の就労意思がない場合、親に限らず他者がいくら就労を促しても、本人の就労につながることはほとんどありません。親としてできることは、その背景に精神疾患があれば、その精神疾患自体へ対応することです。背景に精神疾患があるかどうかの判断は、

❶ひきこもった状態なのか(おおよそ6か月以上、ネット上の交流や自宅近くでの買い物などを除いて他者との交流を避けている状態が続いている)
❷気持ちの落ち込みや高揚が見られる
❸入浴、着替え、食事などの日常生活習慣が大きく乱れている
❹家族の言葉に対して、激しく抵抗したり暴力をふるう
❺長時間のネット使用に加えて、ネットにつながっていないと精神的に不安になるなど、いわゆるネット依存状態にある
❻自責の念が強い、自傷行為がある
❼アルコールの飲み過ぎや睡眠薬などの薬に頼っている

などです。しかし本人が医療機関に出向くことも容易ではないため、地域の福祉機関などであら

かじめ相談をしてください。精神疾患の治療により、本人の精神状態や現状認識が改善すると就労につながることもあります。ただしこの場合も、いきなり一般就労ではなく、何らかの就労移行支援を受けた方がよいでしょう。

境界知能で就労意思がない場合は、それまでに受けた、失敗体験の連続がトラウマ(心の傷)となっていることがほとんどです。心の傷を癒やしながら就労を行うのは大変なことですし、就労することで新たな失敗体験が生じて、さらに傷ついてしまうこともあります。家族としても大変つらいところではありますが、本人の気持ちに寄り添っていくしかないと考えています。よい出会いや、家族の病気などがきっかけとなって再スタートできることもあります。今まで必ず家族同伴で受診していた、ひきこもっている境界知能の青年が、家族の入院をきっかけに一人で受診するようになる例もあります。しかしそこから就労まではもう一段ハードルがあると考えるべきでしょう。

Q25 軽度知的障害の方で、「こうだったらいいな」という話をして、周りから嘘をついていると思われてしまうことがときどきあります。その人は居眠りを指摘されても「いいえ、寝ていません」と答えます。

A 軽度知的障害の人や一部の境界知能の人に、そのような傾向が見られることがあります。その要因はさまざまですが、今まで「注意される」「否定される」経験を繰り返した人は、その場を乗り切るため、自分のミスを否定し自分を守ろうとする傾向があります。周囲から見ると事実と違う＝嘘をついていることになりますが、その場を乗り切るために身に着けた処世術であり、頭ごなしに否定して注意しても改善しないでしょう。そのような場合は、「こうしてほしい」ということを明示する声かけをしてみてはいかがでしょうか？　居眠りをしているのであれば、「眠気覚ましに体操しましょう」「疲れているようなので休憩しますか？」などの具体的な声かけをします。

昼間に眠くなってしまう原因が、内服薬の副作用や生活習慣で眠気がくる場合や、睡眠障害の場合もあります。その方が医療機関を受診しているのであれば、可能な範囲で診療情報について聞いてみてください。

「言った」「言わない」など同僚を巻き込むような事実と異なることも、頭ごなしに否定しても解決は難しいです。特定の人と起きやすいトラブルであればその人との距離を取る、事実やこうしてほしいことを提示する、などの工夫も考えられます。

一方、他者の言ったことを信じやすい、騙されやすいという特徴もあります。本人が考えたことではなく、他者の冗談や皮肉をそのまま信じたり、振り回されたりしているだけかもしれません。軽度知的障害の人の話は、客観的に見て事実と異なること、あるいは誰かの発言に誘導されている可能性があることを知っておいてください。

Q26 仕事は軽作業従事で今のところ問題ないのですが、支援者を得て一人暮らしをさせていきたいと考えています。どうしたらいいでしょうか。

A ご本人が、たとえば障害者就労などで支援を受けている場合と、支援を受けていない一般就労の場合で状況が異なります。支援を受けていない境界知能であれば、支援がなくても一人暮らしができるという判断になりますので、個人的なつながりで探すしかありません。一人暮らしに公的な支援が必要だとお考えになるのであれば、知的障害、発達障害、精神疾患などの診断が必要になりますので、医療機関でご相談ください。どれにも当てはまらないということであれば、一人暮らしは急がない方がよいでしょう。生活していく上で困難さが出るのであれば、再度診察を受けて公的な支援に結びつけられるかどうかを考え、困難さがないようであれば、最初は自宅と簡単に行き来できる場所で一人暮らしを始めること、その間に、家族以外に誰か支援を求められる人を探すこともよいでしょう。

すでに支援を受けている場合は、障害者グループホームを利用することができます。障害者グループホームは、障害者総合支援法で定められている障害者福祉サービスの一つです。グループホームの形態はさまざまですが、入居者の他に、食事・入浴・排泄などの準備やお手伝い、お金の管理等をサポートしてくれるスタッフがいることもあります。また、日常生活を送る上での身の回りの介助サポートを行う生活支援員がいるところもあります。個々のグループホームの特徴をふまえて探してみてはいかがでしょうか？

予後

Q27 発達障害を併発している場合、知能も悪化していくものなのでしょうか。昔より計算などが難しいと感じています。対処方法を知りたいです。

A 発達障害で境界知能の場合は、知的障害のある発達障害の人に準じて支援を考える必要があります。

知的障害のある人は、脳の老化がより早く始まる可能性があります。この要因についてはこれからの研究で解明されていくことになるでしょう。また、刺激の少ない保護的な環境で生活を続けていると、機能の衰えが早めに目立ってしまうこともあるかもしれません。

ただし、発達障害のあるなしにかかわらず、生活習慣で脳の老化も進みやすくなります。スマホに長期依存したり、不規則な睡眠習慣や食生活などが知的能力に悪い影響を及ぼしうることは否定できないと思います。悪い影響を及ぼす生活習慣を見直すことがまず第一歩かもしれません。

障害者手帳

Q28 IQの数値によって障害者手帳が取れる・取れないが変わってしまうことに不公平な印象を持っています。

A IQの数値だけで知的障害かどうかを判断し、手帳が交付されるということは好ましくありません。しかしどこかの段階で客観的な指標によって線引きをしなければ制度として成り立ちにくいのも事実です。この線引きが自治体によってバラバラであることが不公平感を増幅させていると考えられます。

このような状況で、知的障害の人が取得する手帳の判断を自治体に任せるのではなく、国として統一の基準にしようと厚生労働省が検討しています。そうすると少なくとも申請する地域間での不公平感はなくなるのではないかと思います。ただし障害者手帳が「取れるか・取れないか」の線引きはいずれにしても行われることになりますので、取得できなかった方の不公平感は残ってしまいます。

その場合は、個々を対象とした支援を充実させるのではなく、社会全体の受け入れ態勢を変えていく必要があると考えています。障害のある人もない人もどちらも使いやすいような「ユニバーサル化」を進めていくことになるでしょう。すべての人が生活しやすい、働きやすい社会環境を目指すこと。これからの共生社会に求められることです。

Q29 脳波を見る検査の結果、ADHDの傾向があると言われました。グレーゾーンと発達障害の境界線です。グレーゾーンという曖昧な立場で当事者と家族の精神的不安とどのように向き合っていったらよいでしょうか。

A 発達障害の診断基準に、脳波や画像所見はいっさい含まれていません。つまり、脳波や画像所見で発達障害やグレーゾーンだと判断することも正しくありません。あくまで、実際の日常生活の様子を確認して、生活にどのような困難さがあるのか、そして他の疾患による影響ではないかを鑑別する必要があります。

グレーゾーンと境界知能はよく混同されますが、グレーゾーンは、「発達障害の特性はあるものの、発達障害の診断基準を満たさない」という意味で使われます。そのあいまいさと「グレー」という言葉の響きもネガティブな意味に捉えられがちですので、精神科では「診断閾値下」という言葉を使うこともあります。境界知能はIQ70～84の人です。またボーダー「境界（線）」という単語は、精神科では境界性人格障害を指すことがあります。

注意が必要なのは、発達障害や精神疾患を診断するときに「日常生活の困難さ」を評価することです。画像や検査は診断基準に含まれませんが、「日常生活に支障を来していること」は診断に必須となります。ですから、対人関係や職場関係の変化により、生活の困難さが生じた場合は、グレーゾーンの人が発達障害と診断されることもありうるということです。つまり診断は状況によって変わりうることもあります。逆にいえば、周囲の環境が自分に合っていて、特性があっても生活に支障を来していない場合は診断が必要ないとも言えます。

診断があいまいなまま対応だけにとらわれることも問題の解決にはなりません。ネットの情報では、診察を受けていない人が、チェックリストをもとに自身がそうであると思い込んで、グレーゾーンと称して発信をしている人もいます。できれば、発達障害の診断と支援（治療）を同時に行える医療機関を受診し、現状の理解について相談することをお勧めします。

本書の表記＊1

知的障害		
	英語表記	Intellectual Disability
	代表語・同義語	知的能力障害、知的発達症、精神遅滞
ASD		
	英語表記	Autism Spectrum Disorder
	代表語・同義語	自閉スペクトラム症、広汎性発達障害、自閉症
ADHD		
	英語表記	Attention Deficit Hyperactivity Disorder
	代表語・同義語	注意欠如多動症、注意欠陥多動性障害
LD		
	英語表記	Learning Disability
	代表語・同義語	学習障害、限局性学習症、発達性学習症
DCD＊2		
	英語表記	Developmental Coordination Disorder＊3
	代表語・同義語	発達性協調運動障害、発達性協調運動症

＊1　disorder症とdisability（障害）：医学の診断名ではdisorderが使用され「症」と訳されますが、それ以外の分野ではdisabilityが使用され「障害」と訳されます。ここでは、知的障害と学習障害はdisabilityを使用しています。

＊2　ＤＣＤは、運動症群の中の代表的な１タイプで、有病率も高いと言われています。

＊3　WHO（世界保健機関）の分類では、Developmental motor coordination disorderとmotorという単語が加わっています。

文献リスト

【英文資料】

American Association on Intellectual and Developmental Disabilities, Intellectual Disability: Definition, Diagnosis, Classification, and Systems of Supports. 11th Edition, AAIDD, 2010.
（日本語版：米国知的・発達障害協会用語・分類特別委員会編、太田俊己ほか訳、『知的障害：定義、分類および支援体系。第11版』日本発達障害福祉連盟、２０１２）

American Association on Intellectual and Developmental Disabilities, Intellectual Disability: Definition, Diagnosis, Classification, and Systems of Supports. 12th Edition, AAIDD, 2021.
（日本語版：米国知的・発達障害協会用語・分類特別委員会編、橋本創一ほか訳、『知的障害：定義、分類および支援体系（第12版、福村出版）』２０２４　印刷中）

American Association on Mental Retardation. 1992. Mental Retardation: Definition, Classification, and Systems of Supports. American Association on Mental Retardation.

American Psychiatric, Association, and American Psychiatric Association, D. S. M. Task Force. 2013. Diagnostic and Statistical Manual of Mental Disorders: DSM-5. 5th ed. American Psychiatric Pub
（日本語版：髙橋三郎、大野裕監訳『ＤＳＭ−５　精神疾患の診断・統計マニュアル』医学書院、２０１４）

Bauer, A., L. Taggart, J. Rasmussen, C. Hatton, L. Owen, and M. Knapp. 2019. “Access to Health Care for Older People with Intellectual Disability: A Modelling Study to Explore the Cost-Effectiveness of Health Checks.” BMC Public Health 19(1): 706.

Bertelli, M. O., K. Munir, J. Harris, and L. Salvador-Carulla. 2016. "'Intellectual Developmental Disorders': Reflections on the International Consensus Document for Redefining 'Mental Retardation-Intellectual Disability' in ICD-11." Adv Ment Health Intellect Disabil 10(1): 36-58.

Bratek, A., K. Krysta, and K. Kucia. 2017. "Psychiatric Comorbidity in Older Adults with Intellectual Disability." Psychiatria Danubina 29(Suppl 3): 590-93.

Chou, Y. C., Y. C. Lee, S. C. Chang, and A. P. Yu. 2013. "Evaluating the Supports Intensity Scale as a Potential Assessment Instrument for Resource Allocation for Persons with Intellectual Disability." Research in Developmental Disabilities 34(6): 2056-63.

Claes, C., G. Van Hove, J. van Loon, S. Vandevelde, and R. L. Schalock. 2009. "Evaluating the Inter-Respondent (consumer vs. Staff) Reliability and Construct Validity (SIS vs. Vineland) of the Supports Intensity Scale on a Dutch Sample." Journal of Intellectual Disability Research: JIDR 53(4): 329-38.

Edgerton, R.B., 1967, The cloak of competence : revised and updated, Barkley University of California press.

Edgerton, R.B., 2001.The hidden majority of individual with mental retardation and developmental disabilities. In Tymchuk A, Lackin CA, Luckaason R （ed.) The forgotten generation; The status and challenges of adults with mild cognitive limitations (pp.3-19) Baltimore Blocks.

Evers, A., Hagemeister, C., & Hostmaelingen, A. (2013). EFPA review model for the description and evaluation of psychological and educational tests (Tech. Rep. Version 4.2.6). Brussels: European Federation of Psychology Associations.

Fujiura GT 2003. Continuum of intellectual disability: demographic evidence for the "forgotten generation". Mental Retardation. 41 420-9.

Greenspan, S., and G. W. Woods. 2014. “Intellectual Disability as a Disorder of Reasoning and Judgement: The Gradual Move Away from Intelligence Quotient-Ceilings.” Current Opinion in Psychiatry 27(2): 110-16.

Greenspan, S., Greenspan, S. 2017, Borderline intellectual functioning: an update. Curr Opin Psychiatry; 30:113-122.

Grossman H J ed. 1973. A manual on terminology and classification in mental retardation (Rev ed.) Washington DC, American Association on Mental deficiency.

Heber. R. (1959) A manual on terminology and classification in mental retardation: A monograph supplemental to the American Journal on mental deficiency, 64 1-111.

Luckasson R, Schalock RL, Snell ME, Spitalnik DM 1996. The 1992 AAMR definition and preschool children: response from the committee on terminology and classification, Ment Retard, 34:247-53.

Penrose, L. S. (March 1939). “Mental Disease and Crime: Outline of a Comparative Study of European Statistics”. British Journal of Medical Psychology 18(1): 1-15.

Perske, R.(2008), “False confessions from 53 persons with intellectual disabilities: the list keeps growing”, Intellectual Developmental Disabilities 46, 468-479.

Polloway EA, Lubin J, Smith JD, Parton JR (2010) Mild Intellectual Disabilities: Legacies and Trends in Concepts and Educational Practices Education and Training in Autism and Developmental Disabilities, 45, 54-68.

Ravens-Sieberer, U., & Bullinger, M.Assessing health-related quality of life in chronically ill children with the German KINDL: first psychometric and content analytical results.Quality of Life Reseach,1998.,7, (5), 399-407.

Ravens-Sieberer, U., Gortler, E., & Bullinger, M. Subjective health and health behavior of children and adolescents a survey of Hamburg students within the scope of school medical examination.Gesundheitswesen,2000 62, (3), 148-155.

Reed, Geoffrey M., Michael B. First, Cary S. Kogan, Steven E. Hyman, Oye Gureje, Wolfgang Gaebel, Mario Maj, et al. 2019. "Innovations and Changes in the ICD-11 Classification of Mental, Behavioural and Neurodevelopmental Disorders." World Psychiatry: Official Journal of the World Psychiatric Association. 18(1): 3-19.

Salvador-Carulla, L., M. Bertelli, and R. Martinez-Leal. 2018. "The Road to 11th Edition of the International Classification of Diseases: Trajectories of Scientific Consensus and Contested Science in the Classification of Intellectual Disability/intellectual Developmental Disorders." Current Opinion in Psychiatry 31(2): 79-87.

Salvador-Carulla, L., G. M. Reed, L. M. Vaez-Azizi, S. A. Cooper, R. Martinez-Leal, M. Bertelli, C. Adnams, et al. 2011. "Intellectual Developmental Disorders: Towards a New Name, Definition and Framework for 'Mental Retardation/intellectual Disability' in ICD-11." World Psychiatry: Official Journal of the World Psychiatric 168 Association. 10(3): 175-80.

Schalock, R. L., and R. Luckasson. 2021. "An Overview of Intellectual Disability: Definition, Diagnosis, Classification, and Systems of Supports." American Journal on Intellectual and Developmental Disabilities. https://meridian.allenpress.com/ajidd/article-abstract/126/6/439/472446

Schalock, R. L., Luckasson, R., & Tass é, M. J., ed. 2021. Intellectual Disability: Definition, Diagnosis, Classification, and systems of supports (12th Ed.). American Association on Intellectual and Developmental Disabilities.

Snell ME, Luckasson R, Borthwick-Duffy WS, Bradley V, Buntinx WH, Coulter DL, Craig EP, Gomez SC, Lachapelle Y, Reeve A, Schalock RL, Shogren KA, Spreat S, Tassé MJ, Thompson JR, Verdugo MA, Wehmeyer ML, Yeager MH. 2009. Characteristics and needs of people with intellectual disability who have higher IQs. Intellectual and Developmental Disabilities. 47.:220-33.

Srour, M., and M. Shevell. 2014. "Genetics and the Investigation of Developmental Delay/intellectual Disability." Archives of Disease in Childhood 99(4): 386-89.

Tassé, M. J., G. Balboni, P. Navas, R. Luckasson, M. A. Nygren, C. Belacchi, S. Bonichini, G. M. Reed, and C. S. Kogan. 2019. "Developing Behavioural Indicators for Intellectual Functioning and Adaptive Behaviour for ICD-11 Disorders of Intellectual Development." Journal of Intellectual Disability Research: JIDR 63(5): 386-407.

Thompson JR, Wehmeyer ML 2008. The intellectual disability construct and its relation to human functioning. Intellectual Developmental Disabilities 46 311-318.

Tymchuk AJ , Lackin AC, Luckaason R (ed) 2001. The forgotten generation; The status and challenges of adults with mild cognitive limitations .Brocks. 2001.

Wilkinson, J., D. Dreyfus, M. Cerreto, and B. Bokhour. 2012. "'Sometimes I Feel Overwhelmed': Educational Needs of Family Physicians Caring for People with Intellectual Disability." Intellectual and Developmenta Disabilities 50(3): 243-50.

Wagemaker E, van Hoorn J, Bexkens J. 2022. Susceptibility to peer influence on prosocial behavior in adolescents with Mild Intellectual Disability or Borderline Intellectual Functioning. Res Dev Disabil 120 104-143.

World Health Organization. 2001. International Classification of Functioning, Disability and Health: ICF. Geneva: World Health Organization.

World Health Organization. 2018. "ICD-11 for Mortality and Morbidity Statistics (Version: 02/2022)." 2018. ICD-11 for Mortality and Morbidity Statistics (Version : 2018)
https://icd.who.int/browse11/l-m/en#/http%3a%2f%2fid.who.int%2ficd%2fentity%2f605267007

World Health Organization. Neurodevelopmental disorders 2023. 6A00 Disorders of intellectual development, ICD-11 for Mortality and Morbidity Statistics (Version : 01/2023)
https://icd.who.int/browse11/l-m/en#/http%3a%2f%2fid.who.int%2ficd%2fentity%2f605267007

【和文論文】

古荘純一「境界知能～知的障害と発達障害の狭間で支援や理解を受けられない人たち」『人権の広場156巻』pp1-5（2024）

古荘純一「知的発達症、境界知能」本田秀夫編『児童期・青年期のメンタルヘルスと心理社会的治療・支援』金剛出版（2004）

五味洋一、志賀利一「特別支援学校高等部における中途退学者の実態と障害福祉サービスとの連携」『国立のぞみの園紀要』7、103-110（2014）

柴田玲子ほか「日本におけるKid-KINDL Questionnaire（小学生版QOL尺度）の検討」『日本小児科学会雑誌』107、514-1520（2003）

小枝達也「いわゆる軽度発達障害に境界知能／軽度知的障害を加えるかどうかと言う背景」『現代のエスプリ』474、107-111（2007）

橋本創一、横田圭司、志賀利一、丹野哲也、田中里実、霜田浩信「軽度知的障害・境界域知能の支援フレームと課題」『発達障害研究』44、57-59（2022）

橋本創一ほか「境界域知能の子どもの支援ニーズと教育支援について考える―特別支援教育・インクルーシブ教育における支援システムのなかで―」第32回日本LD学会抄録集（2023）

三盃亜美、宇野彰、春原則子、金子真人「全般的な知的水準が境界領域であった読み書き障害群の認知能力」『LD研究』25、218-229（2016）

清水貞夫、玉村公二彦「知的障害概念の成立過程に関する研究―ヘバー定義の成立およびその意義と特徴―」『奈良教育大学紀要』63、67-76（2014）
鷲見聡「名古屋市における自閉症スペクトラム、精神遅滞、脳性麻痺の頻度について」『小児の精神と神経』51、351-358（2011）
辻井正次ほか「療育手帳に係る統一的な判定基準の検討ならびに児童相談所等における適切な判定業務を推進させるための研究」厚生労働科学研究費補助金（障害者政策総合研究事業）総括研究報告書、1-13
内山登紀夫「現在の知的障害に関する国際的な診断基準と、最近の知的障害概念の検討」厚生労働科学研究費補助金（障害者政策総合研究事業）分担研究報告書、21-31

【和文ウェブサイト】

文部科学省　通常の学級に在籍する特別な教育的支援を必要とする児童生徒に関する調査結果（令和4年）について
https://www.mext.go.jp/b_menu/houdou/2022/1421569_00005.htm

文部科学省　（3）知的障害
https://www.mext.go.jp/a_menu/shotou/tokubetu/mext_00803.html

厚生労働省　発達障害者支援法
https://www.mhlw.go.jp/web/t_doc?dataId=83aa6591&dataType=0&pageNo=1

厚生労働省　発達障害者支援法の改正について
https://www.mhlw.go.jp/file/05-Shingikai-12601000-Seisakutoukatsukan-Sanjikanshitsu_Shakaihoshoutantou/0000128829.pdf

厚生労働省　障害者雇用対策
https://www.mhlw.go.jp/stf/seisakunitsuite/bunya/koyou_roudou/koyou/shougaishakoyou/index.html

厚生労働省「国際生活機能分類—国際障害分類改訂版—」（日本語版）の厚生労働省ホームページ掲載について
https://www.mhlw.go.jp/houdou/2002/08/h0805-1.html

厚生労働省　知的障害児（者）基礎調査：調査の結果
https://www.mhlw.go.jp/toukei/list/101-1c.html

厚生労働省　障害者手帳
https://www.mhlw.go.jp/stf/seisakunitsuite/bunya/hukushi_kaigo/shougaishahukushi/techou.html

内閣府　障害を理由とする差別の解消の推進
https://www8.cao.go.jp/shougai/suishin/sabekai.html

内閣府　令和５年版　障害者白書　全文（ＰＤＦ版）
https://www8.cao.go.jp/shougai/whitepaper/r05hakusho/zenbun/index-pdf.html

東京都福祉局　東京都心身障害者福祉センター　療育手帳「愛の手帳」に関するＱ＆Ａ
https://www.fukushihoken.metro.tokyo.lg.jp/shinsho/faq/techo_qa/taishou.html

障害保健福祉研究情報システム「精神薄弱」から「知的障害」へ
https://www.dinf.ne.jp/doc/japanese/prdl/jsrd/norma/n298/n298015.html

障害者職業総合センター　地域障害者職業センターの業務統計上〝その他〟に分類されている障害者の就業上の課題　調査研究報告書21
https://www.nivr.jeed.go.jp/research/report/houkoku/houkoku21.html

法務省法務総合研究所編　令和４年版犯罪白書　法務省、２０２２
https://www.moj.go.jp/housouken/housouken03_00118.html

法務省　再犯防止推進計画について　平成29年12月15日閣議決定、２０１７
https://www.moj.go.jp/content/001322221.pdf
概要 https://www.kantei.go.jp/jp/singi/keizaisaisei/miraitoshikaigi/suishinkaigo2018/ppp/dai3/siryou2-3.pd

外務省　障害者の権利に関する条約（平成26年１月30日）
https://www.mofa.go.jp/mofaj/fp/hr_ha/page22_000899.html

【和文書籍】

有馬正高『知的障害のことがよくわかる本』講談社、２００７

古荘純一「境界知能、ボーダー、グレーゾーン」古荘純一（編）『子どもの精神保健テキスト』診断と治療社、pp46-48、２０２３

古荘純一ほか（編）『子どものＱＯＬ尺度　その理解と活用─心身の健康を評価する日本語版KINDL^{R}』診断と治療社、２０１４

古荘純一『発達障害とはなにか　誤解をとく』朝日新聞出版、２０１６

宮口幸治『ケーキの切れない非行少年たち』新潮社、２０１９

宮口幸治「発達障害と境界知能」、古荘純一（編）『発達障害医学の進歩34』日本発達障害連盟、1-10、２０２３

坂爪一幸、湯汲英史（編著）『知的障害・発達障害のある人への合理的配慮』かもがわ出版、２０１５

鷲見聡（編著）『発達障害のサイエンス─支援者が知っておきたい医学・生物学的基礎知識─』日本評論社、２０２２

・初めて出てきた語や、普段あまり使わない語などを読み間違える【共通】

・文中の語句や行を抜かしたり、または繰り返し読んだりする【小学校】

・文章を理解するのに何度も読み返す【中学校・高等学校】

・音読が遅い【共通】

・勝手読みがある（「いきました」を「いました」と読む）【小学校】

・文章を読むことはできるが、内容が頭に入らない【中学校・高等学校】

・文章の要点を正しく読み取ることが難しい【共通】

・読みにくい字を書く（字の形や大きさが整っていない。まっすぐに書けない）【共通】

・独特の筆順で書く【小学校】

・文章を書く際、漢字をあまり使わない【中学校・高等学校】

・漢字の細かい部分を書き間違える【共通】

・句読点が抜けたり、正しく打つことができない【小学校】

・文法的な誤りが目立つ（主語と述語が対応していない、順序がおかしいなど）【中学校・高等学校】

・限られた量の作文や、決まったパターンの文章しか書かない【共通】

・思いつくままに書き、筋道の通った文章を書くことができない【中学校・高等学校】

・学年相応の数の意味や表し方についての理解が難しい（三千四十七を 300047 や 347 と書く。分母の大きい方が分数の値として大きいと思っている）【小学校】

「通常の学級に在籍する特別な教育的支援を必要とする児童生徒に関する調査」質問項目（抜粋）

・全般的な知的発達の遅れがないか　（0：ない、1：ある）

・国語、算数で基礎的能力に著しい遅れがあるか（著しいとは、小学3年生以下の場合、1学年以上。4年生以上の場合、2学年以上の遅れをいう）
（0：ない、1：国、2：算、3：国算）【小学校】

・国語、数学又は英語の中で基礎的能力に著しい遅れがあるか（著しいとは、小学3年以下の場合、1学年以上。4年生以上の場合、2学年以上の遅れをいう）
（0：ない、1：国、2：数、3：英、4：国数、5：国英、6：数英、7：国数英）
【中学校・高等学校】

I．児童生徒の困難の状況

〈学習面「聞く」「話す」「読む」「書く」「計算する」「推論する」〉
（0：ない、1：まれにある、2：ときどきある、3：よくある、の4段階で回答）

・聞き間違いがある（「知った」を「行った」と聞き違える）【共通】

・聞きもらしがある【共通】

・個別に言われると聞き取れるが、集団場面では難しい【共通】

・指示の理解が難しい【共通】

・話し合いが難しい（話し合いの流れが理解できず、ついていけない）【共通】

・適切な速さで話すことが難しい（たどたどしく話す。とても早口である）【共通】

・ことばにつまったりする【共通】

・単語を羅列したり、短い文で内容的に乏しい話をする【共通】

・思いつくままに話すなど、筋道の通った話をするのが難しい【共通】

・内容をわかりやすく伝えることが難しい【共通】

・事物の因果関係を理解することが難しい【小学校】

・文章題の解き方の方針（求め方）や立式が分からない【中学校・高等学校】

・目的に沿って行動を計画し、必要に応じてそれを修正することが難しい【小学校】

・基本的な公式や定理を示されても、それに当てはめて答えを求めていくことができない【中学校・高等学校】

・早合点や、飛躍した考えをする【小学校】

・類似点・相違点を見つけられない（図形の性質や問題の解き方などの似ているところ、違うところが分からないなど）【中学校・高等学校】

・得られた答えが、日常ではあり得ない状況でも、変だと思わない【中学校・高等学校】

出典　https://www.mext.go.jp/content/20230524-mext-tokubetu01-000026255_01.pdf

・数の表記が正確にできない（三千四十七を 300047 や 347 と書くなど）【中学校・高等学校】

・簡単な計算が暗算でできない【小学校】

・簡単な数（6+8 = 14、15-7 = 8 など、九九の範囲の計算）の暗算が素早くできない
【中学校・高等学校】

・計算をするのにとても時間がかかる【小学校】

・四則の混合した式などを正しい順序で計算できない【中学校・高等学校】

・答えを得るのにいくつかの手続きを要する問題を解くのが難しい（四則混合の計算。２つの立式を必要とする計算）【小学校】

・文字や記号（x、y、πなど）を使った計算ができない【中学校・高等学校】

・学年相応の文章題を解くのが難しい【小学校】

・一次方程式が解けない【中学校・高等学校】

・学年相応の量を比較することや、量を表す単位を理解することが難しい（長さやかさの比較。「15cm は 150mm」ということ）【小学校】

・数の量的な面が理解できない（数直線の目盛りが分からない、分数の大きさが分からないなど）【中学校・高等学校】

・学年相応の図形を描くことが難しい（丸やひし形などの図形の模写。見取り図や展開図）【小学校】

・幾つかの事象から数学的な法則が見つけられない（数字の並び、表やグラフの変化から先を予測できないなど）【中学校・高等学校】

あとがき

境界知能は、世間ではどのようなイメージで捉えられているのか？　本書を書き進めながら、境界知能についてネット上での情報も収集していました。すると、他人を見下す言葉として「境界知能」という言葉が使われているという残念な事実に出会いました。また、ネット空間のＳＮＳなどでは自分と異なる意見や他人のミスを激しく非難する風潮があり、暗澹たる気持ちになることがあります。

昔から人を見下す言葉に、バカ（馬鹿）、アホ（阿呆）などがあり、現在も使われています。もちろん、励ましや愛着を持って使う場合もありますが、バカと呼ばれた方は傷つき、決していい気持ちではありません。

一方で、表現に信憑性や「専門性」を装うために「精神薄弱」「知的障害者」という用語を使っているＳＮＳや記事もいまだに散見されますが、さすがに差別的で不適切な表現であるためか、代わりに「境界知能」という言葉が使われ始めたのでしょうか。自分と考えの異なる人やミスした人に対して、「お前は境界知能だろう」といって批判するのは、まったく根拠のないことです。「境界知能＝頭の悪い健常者」というマウントを取ってレッテルを貼っているのでしょう。政府に批判的な人たちや、自分の判断や責任で行動を起こす人たちを揶揄する際にも、この言葉が悪用されているようです。

保育や保健、教育の分野などでは「発達障害」の早期発見や療育に自治体を挙げての取り組みが行われている地域もありますが、その一方で、発達障害の完全治療などを掲げた一部の民間相談室、医療機関などで過剰とも思われる発達障害児の健診が行われている実態もあります。医学的な診断に基づかない「グレーゾーン」などの用語の乱用には警戒が必要です。

一方の知的機能については、ＩＱ値という科学的に検証された検査があり、それによって数値化された指標に依拠して、教育・療育の分野では支援の対象者などを決めてきました。発達障害が注目されるなかで、知的障害と正常知能の境界域に存在する境界知能の存在や、発達障害と併存するケースが注目されてきました。

学校の授業についていけない子どもの存在に親や教師が気づいていても「大人になれば何とかなるだろう」という思い込みがあったり、実際社会に出たらどんな生活をすることになるのか、などの報告もありませんでした。子どもたちの背景にある「境界知能」という特性が理解されないままでした。さらに、境界知能の人で、日常生活の適応機能が悪く、軽度知的障害の人と同じ困難さのある人は注目されてきませんでした。

本書のタイトルの副題にもある通り、境界知能は「教室からも福祉からも見落とされている人たち」なのです。さらに気づかれたとしても、支援につなげる手立てがなく「見放された状態」が続いているのが現状です。境界知能が非行との関連で取り上げられることもありますが、非行という現象は限定的ですし、その多くは周囲からの理解や支援を受けられずに二次的に生じる行動です。境界知能の人の多くは無防備で騙されやすく、また経済的にも困窮しているのに、助けを受けられない人たちだと考えています。

境界知能は、人口の14％と推定されています。ただちに、すべての人を支援対象にするには、財源やマンパワーなどの点から見て現実的ではないでしょう。今必要なのは、社会の理解と配慮です。本書を読んで境界知能について知っていただくだけでなく、見落とし、見放し、偏見のある現状をふまえて、社会の理解や、境界知能の人が社会と共生する方策を共に考えていただければ幸いです。

古荘純一

本書に登場する人物、症例はいずれも私の臨床例を元に複数の事例を重ね合わせて作成した架空の事例です。

境界知能の特徴、実際を知るための事例として記載しています。

■著者紹介

古荘純一（ふるしょう・じゅんいち）

青山学院大学教育人間科学部教育学科教授。

昭和大学医学部卒業、昭和大学医学部大学院医学研究科修了。医学博士。資格は、小児科専門医、小児神経専門医、日本てんかん学会専門医、日本児童青年精神医学会認定医など。2024 年 3 月現在の主な役職は、日本小児科学会用語委員長、日本発達障害連盟理事、日本小児精神神経学会常務理事、日本子ども健康科学会理事。発達障害、子どもの不安症・うつ病・トラウマ、重症心身障害児（者）などを主な臨床研究領域としている。主な著書に『日本の子どもの自尊感情はなぜ低いのか――児童精神科医の現場報告』（光文社、2009）、『子どもの QOL 尺度その理解と活用――心身の健康を評価する日本語版 KINDL^{R}』（編著、診断と治療社、2014）、『発達障害とはなにか 誤解をとく』（朝日選書、2016）、『ことばの遅れが気になるなら――接し方で子どもは変わる』（監修、講談社、2021）、『DCD 発達性協調運動障害――不器用すぎる子どもを支えるヒント』（講談社、2023）、『なわとび跳べないぶきっちょくん――ただの運動オンチだと思ったら、DCD（発達性協調運動障害）でした！』（監修、合同出版、2023）などがある。

組版　Shima.
装幀　ナカグログラフ（黒瀬章夫）

境界知能
教室からも福祉からも見落とされる知的ボーダーの人たち

2024年4月1日　第1刷発行

著　者　古荘純一
発行者　坂上美樹
発行所　合同出版株式会社
東京都小金井市関野町1-6-10
郵便番号 184-0001
電話 042（401）2930
振替 00180-9-65422
ホームページ https://www.godo-shuppan.co.jp
印刷・製本　株式会社シナノ

■刊行図書リストを無料進呈いたします。
■落丁・乱丁の際はお取り換えいたします。

ISBN978-4-7726-1558-7 NDC370 210×148

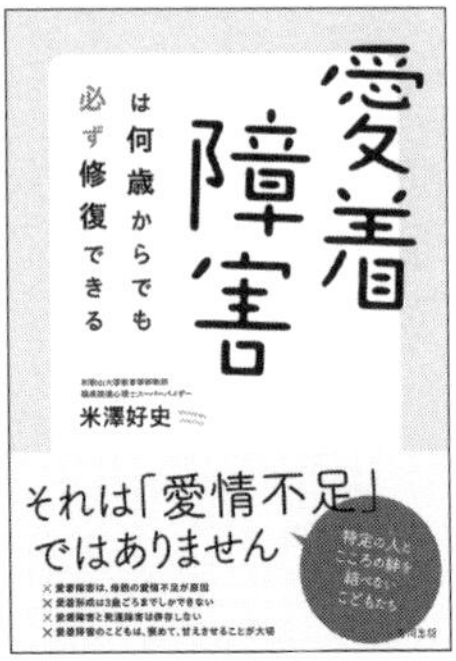

愛着障害は
何歳からでも
必ず修復できる

米澤好史［著］

愛着障害については、以前から偏見や誤解が多く、また発達障害と混同されやすいため、こどもに対して適切なアプローチが行われにくい現状があります。本書では、長年、保育や教育、福祉の現場で、愛着の問題がある子どもを支援してきた著者が、保護者や支援者向けに愛着障害の背景や原因についてやさしく解説します。

A5判・208ページ　定価=本体1700円+税